LEHRER

DIE WIR HATTEN

VON UND BEI ERNST HEIMERAN

1.—5. Tausend Oktober 1954
30.—35. Tausend Sept. 1956/219
Copyright 1954 by Ernst Heimeran Verlag München
Umschlag: H. O. Buchner. Gesamtherstellung: Jos. C. Huber,
Diessen vor München. Gesetzt in der Linotype-Garamond.

Nun sind sie wohl alle in den ewigen Ruhestand versetzt. Es tut ihnen nicht mehr weh, wenn ich von ihnen erzähle. Ich will ihnen auch nicht wehe tun. Vielleicht freute es sie sogar wahrzunehmen, wie tief sie sich dem Gedächtnis ihrer Schüler eingeprägt haben. Denn nur das Ungewöhnliche haftet, beschäftigt und drängt nach Erkenntnis. Um dieses Erkennen war es mir zu tun, nicht ums Erlustieren, um ein Denkmal später Rührung und Dankbarkeit.

Der erste Lehrer

Wir wohnten unten beim Pflasterzollhäuschen, in dem roten Kontorgebäude neben der Fabrik. Das Schulhaus lag oben am Berg neben der Kirche. Die Straße lief am Fabrikgelände entlang, durchmaß den alten Anger und stieg an der Post und am Pfarramt vorbei zum Markt hinan; dann waren es nur noch ein paar Schritte. Ich stapfte diesen Weg seit Jahren mit dem gestickten Kinderschultäschchen. Jetzt ging ich ihn zum erstenmale mit dem ledernen Schulranzen.

Als ich mit Mama aus der Wohnung in den Geschäftsflur herunterkam, trat Papa aus seinem Privatkontor, an dem es hieß: «Kein Eingang, Comptoir nächste Tür!» Dazu eine Hand mit gestrecktem Zeigefinger und vier geschlossenen Gliedern. Rechnete man den unsichtbaren Daumen hinzu, so kam man auf eine Sechsfingerhand.

«Du kennst ja den Weg», sagte Papa, «Du wirst Dich schon allein zurechtfinden. Selbst ist der Mann!» Und er klopfte mir aufmunternd die Schulter, wie er es auf beschwerlichen Wanderungen zu tun pflegte.

Mama begleitete mich noch bis zum Vorgartentürchen, zupfte mir den Matrosenkragen zurecht, gab mir einen Kuß und sah mir nach, bis ich ums Angerwirtshaus herum verschwunden war.

Beim Bäcker, der einen bunten Wichtelmann im Schaufenster und eine steinerne Katze auf dem Schornstein hatte, wartete heimlich unsre Lore, die treue Seele, steckte mir eine Tüte mit Veilchenbonbons zu und weinte.

Auch manche Kinder, von ihren Müttern gezerrt, weinten und wollten nicht. So wurde ich einer der ersten, die mit dem Herrn Lehrer zu tun bekamen. Ich sagte ihm deutlich meinen Namen, wie es mir die Eltern eingeschärft hatten, und machte ein Kompliment. Dafür bugsierte mich der Lehrer eigenhändig in eine Bank. Dort saß ich eine gute Weile mitsamt dem geschulterten Schulranzen recht unbequem, indessen der Lehrer andere Kinder in Empfang nahm und die auf ihn einredenden Mütter abfertigte. Endlich hieß er uns alle aufstehen, die Ranzen unter die Bank schieben und beten. «Unsern Eingang segne Gott — —»

Ich konnte das Gebet aus der Kinderschule. Andere konnten es nicht. Die konnten aber vielleicht schon rechnen oder kratzten von Anfang an schön regelmäßig auf—ab—auf, Tüpfele drauf. Es gab also Unterschiede. Der erstaunlichste war der zwischen arm und reich. Der Herr Lehrer erläuterte ihn sehr sinnfällig. Er ließ den Möckel aufstehen und erklärte: «Der ist armer Leute Kind.» Dann hieß er mich aufstehen und erklärte: «Der ist reicher Leute Kind.» Wir sahen uns erstaunt an, der Möckel und ich. Wir spielten schon lange miteinander, aber das hatten wir noch garnicht gewußt. «Die Reichen sind die, die das Geld haben», sagte der Lehrer, «die Armen gehen barfuß.» O wie beneidete ich den Möckel, daß er barfuß gehen durfte! Und alle Wochenende bekam er daheim fünf Pfennig Sonntagsgeld und konnte sich Süßholz davon kaufen. Ich bekam daheim kein Sonntagsgeld, und wenn mich der Möckel nicht manchmal hätte mitzullen lassen, hätte ich auch kein Süßholz gehabt. Das war der Unterschied!

«In der Schule dagegen», fuhr der Lehrer fort, denn darauf wollte er hinaus, «in der Schule gibt es keinen Unterschied. Jeder muß aufpassen, keiner darf schwätzen, und wer seine Aufgabe nicht macht, bekommt das Stöckchen.» Er legte es deutlich sichtbar aufs Pult, ein geschmeidiges Weinrebenstöckchen, wie wir es für unsere Bogen und Papierdrachen verwendeten. In der Schule diente es, um uns auf die Hände und auf die Hosen zu klopfen. Das war allerdings ein Unterschied!

Er war sehr streng, der Herr Lehrer, und schon recht grau. Schnurrbart und Spitzbart trug er ähnlich wie Papa, kurz geschnitten. Wenn er unzufrieden mit uns war, spannte er, von Bank zu Bank gehend, einem nach dem andern die Hosen, da gab es keinen Unterschied. Es klang wie Teppichklopfen; man gewöhnte sich daran.

Alle Morgen nach dem Gebet mußten wir unsere Taschentücher vorweisen. Da bewimpelte sich die Klasse in allen Schattierungen, und es rieselte Fichtennadeln, die Reste von Schwammerlingen und allerlei getrockneten Unrat auf Tafeln und Bänke herab. Wenn man sein Sacktuch nur nicht vergessen hatte! Denn sonst wurde man an den Papierkorb kommandiert und dort vom Herrn Lehrer zur Strafe eigenhändig und höchst unsanft mit Briefumschlägen oder Butterbrotpapier geschneuzt, ob man des Schneuzens bedürftig war oder nicht — eine hygienisch anfechtbare, aber erzieherisch außerordentlich wirksame Prozedur. Ich bin seit diesem Tage nie ohne Taschentuch und jederzeit in der Lage, damit auszuhelfen, falls es jemandem in der Familie, meiner Frau beispielsweise, nicht zur Hand sein sollte.

Und so muß wohl jeder in der Klasse für irgendetwas dankbar sein, was ihm damals ausgetrieben oder eingebläut worden, mag er sich dessen auch nicht bewußt sein. Ich würde mich dieses ersten Lehrers vielleicht ebenfalls nicht mehr entsinnen, wenn er mich gegen Ende des dritten Schuljahres nicht eines Tages in seine Wohnung bestellt hätte.

Ich wußte genau, wo er wohnte: in einem einsamen Hause am Buchberg; man konnte es unten von unserem Garten aus liegen sehen. Wenn über unseren Tennisplatz schon Schatten fielen, blitzte das Schieferdach des Lehrerhauses noch in der Abendsonne. Noch nie war aber einer von uns drinnen gewesen.

Lange vor der befohlenen Zeit drückte ich mich in der Vogelbeerallee herum, die zu dem Hause führte. Der schöne freie Mittwochnachmittag! Da wollten wir Soldaten spielen. Ich hatte Zettel angefertigt, auf denen zu lesen stand, was jeder sein sollte: Sergeant, Feldwebel, Leutnant, Hauptmann, Major, eine Armee aus lauter Chargen, denn dann spielte jeder gerne mit. Ich hatte mich natürlich zum General gemacht und meinen Freund Kurt zum Adjutanten; er sollte die Zettel austragen und jeden Mitspieler ziehen lassen. Um drei Uhr wollten wir am schwarzen Holz sammeln. Ich bangte, ob ich nicht zu spät käme. Mein Onkel General war so ein Vorbild an Pünktlichkeit!

Als es von der Kirche herüber zwei Uhr schlug, ging ich ins Lehrerhaus hinein und klopfte an der nächstbesten Türe. Eine Haushälterin öffnete. «Du willst zum Herrn Lehrer? Wart nur!» sagte sie, wie drohend, verließ die Küche und schob mich in eine Stube hinein.

Der Herr Lehrer saß am Tisch und löffelte Weißbrotbrocken aus einer großen Tasse Kaffee. Bei uns daheim war es nicht erlaubt einzubrocken. Auf der rotgestickten Leinentischdecke lag eine Schnupftabaksdose, daneben ein Stoß von Notizkalenderzetteln. Ich erkannte sie gleich an dem oberen Zackenrand und an den unteren gerundeten Ecken. Meine Armeepatente waren in fremde Hand gefallen.

«Hast Du das da geschrieben?» fragte der Lehrer, brockte noch einmal Brot in den Kaffee und löffelte. Trotz des herrlichen Wetters trug der Herr Lehrer eine Mütze, eine sogenannte Patschkappe. An den geschlossenen Fenstern surrten Fliegen.

Ich gab keine Antwort. Ich nahm die Frage nicht als Erkundigung, sondern als Einleitung eines Strafgerichtes. Ob mich der Lehrer nun überlegen und versohlen oder womöglich zwangsschneuzen würde?

Statt dessen beschäftigte er sich mit seiner eigenen Nase, füllte sie links und rechts mit einer Prise, verhüllte sein Haupt mit einem blaugrau karierten Taschentuch (aus unserer Fabrik!) und nieste gewaltig.

«Nun, hast Du diese Zettel da geschrieben?» wiederholte er aufmunternd, indem er sein Taschentuch genießerisch zusammenfaltete.

«Ja», gestand ich. «Setz Dich», gebot er.

Ich setzte mich neben ihn an die Seite, wo «Tages Arbeit» in die Tischdecke gestickt war. Der Herr

Lehrer seinerseits hatte den Teil des Spruches inne,
der «abends Gäste» empfahl, obwohl das nicht auf
ihn paßte. Denn als Junggeselle saß er alle Abend
im Kadesreuther, einem Wirtshaus, das mit der gleichen Art von Tischdecken ausgestattet war, als ich sie
hier beim Herrn Lehrer antraf. Vielleicht hatte sie ihm
Kadesreuthers Georgine selbst verehrt? Ich dachte
nur: also er haut dich nicht. Und er schneuzt dich auch
nicht. Denn dazu hätte er dich doch nicht Platz nehmen lassen. Ob er dir vielleicht eine Strafarbeit auf-
geben wird?? Etwa hundertmal den Satz: «Du sollst
nichts Müßiges schreiben!» Vielleicht hätte es geholfen,
und ich wäre nie Schriftsteller geworden.

«Wozu hast Du denn diese Zettel geschrieben?»
erkundigte er sich und jagte mit der hohlen Hand nach
einer großen Schmeißfliege.

«Ich hab sie nicht in der Schule geschrieben», beteu-
erte ich.

«Das seh ich. Die Zettel sind ja gestempelt. Ich hab
sie aber in der Schule erwischt. Wo hattest Du denn
die Stempel her?»

«Von meinem Vater.»

«Wie? Dein Vater gibt Dir die Stempel vom Stadt-
magistrat, von der Gemeindediakonie, vom Handelsgremium, von der Baugenossenschaft zum spielen?»

«Nein. Gegeben hat er sie mir nicht. Papa ist ver-
reist. Die Stempel liegen auf seinem Pult.»

«Aha. Und was denkst Du, daß Dein Vater tut, wenn er von der Reise zurückkommt und erfährt, daß Du seine Amtsstempel benützt hast?»

Ich zog vor, es mir nicht auszudenken.

«Das ist nämlich Urkundenfälschung, Bürschchen, Amtsanmaßung. Was hast Du denn damit bezweckt?»

«Daß, daß — —, es tut doch jeder viel lieber mit beim Soldatenspiel, wenn er gestempelt ist!»

Der Lehrer stand auf und wandte sich ab. Ich vermute heute, daß er ein Lächeln verbergen wollte. Mir freilich war garnicht lächerlich zumute.

«Wir wollen Deine Urkunden einmal durchnehmen», sagte der Lehrer und setzte sich wieder. «Da steht: Du bist Maschor. Stempel: Handelsgremium von Oberfranken. Also erstens: man schreibt nicht Maschor, wenn die Leute hier auch so sagen, man schreibt Major. Das ist ein Fremdwort, das will ich Dir nicht als Fehler anrechnen. Aber bessre es aus.»

Er gab mir Feder und rote Tinte und ließ mich ein j malen.

«Und zweitens: Weißt Du denn überhaupt, was das ist, ein Handelsgremium? Nein? Dann schneiden wir den Stempel lieber weg. Da hast Du eine Schere.»

So saßen wir und bearbeiteten die Offizierspatente, gerade als spielten wir selber Soldaten miteinander, der Herr Lehrer und ich, korrigierten gemeinsam die Rechtschreibfehler und ließen die verfänglichen Stempelabdrucke unter den Tisch fallen. Den Zettel Sergeant fertigten wir sogar neu an, denn da hätten wir gleich drei Rechtschreibfehler korrigieren müssen, und das hätte selbst für einen Sergeanten zu schlecht ausgesehen. So wurde sein Zettel nun der allerschönste, ganz in rot. Ja der Herr Lehrer malte sogar eigenhändig noch sein «Vidi» darunter.

«Und jetzt lauf», sagte er.

Ich folgte ihm aufs Wort und rannte davon.

«Halt, halt, vergiß Deine Zettel nicht!» rief er mir nach.

So kehrte ich noch einmal zurück und bin nun auch nach so vielen, vielen Jahren noch einmal zu meinem ersten Lehrer zurückgekehrt, um ihm dankend die Hand zu geben, die ich ihm damals schuldig geblieben war. Möge sie zugleich allen denen gegeben sein, die wie er ihr zartes Herz in einem rauhen Kittel verbergen.

Der rätselhafte Huber

Er war klein und beleibt, ein Huber, wie er im Buche steht. Er gab Deutsch, Geschichte und Erdkunde. Auch an dieser Kombination war für einen Klassenleiter nichts Auffallendes. Unsere Ordinarien in der ersten und zweiten Klasse lehrten im Hauptfach allerdings Latein, was entschieden vornehmer war. Sie ließen dafür die ohnedies nicht recht ernstzunehmende Geographie beiseite. Zwar war Geographie als Schulfach nicht so gering von Ansehen wie etwa Zeichnen; aber daß nicht viel hinter der Erdkunde stecken könnte, sah man schon daraus, daß sie im Absolutorium nicht geprüft wurde. Sie hörte einfach auf, basta.

Ich sage nicht, daß Huber statt Geographie besser hätte Latein lehren sollen! Zwar bot ihm die Geographie gewisse Schwierigkeiten; Latein zu unterrichten, hätte ihm jedoch unüberwindliche geboten. Man wird bald verstehen, warum.

Wir haben es auch nicht sofort verstanden, was es mit Huber für eine Bewandtnis hatte. Wir kamen erst im Verlauf einiger Monate dahinter und haben den Schlüssel für sein Geheimnis eigentlich nie gefunden. Huber ist uns bis zum heutigen Tage ein Rätsel geblieben, obwohl er so garnicht danach aussah. Deshalb fange ich die Gymnasialzeiten mit seiner Geschichte an.

Um eine richtige Geschichte handelt es sich dabei garnicht, das erschwert die Darstellung. Es ereignete sich unter Hubers Ägide in der Klasse gar nichts besonders Erzählenswertes. Er selbst war das Besondere, das Phänomen. Ich überlege, wie man das mit einem deutschen Wort ausdrücken könnte. Denn in jenem Schuljahre hatte der erste Weltkrieg begonnen; an allen Wohnungstüren klebte das Schild: «Weg mit dem französischen Adieu! Der Deutsche sagt Grüß Gott, Auf Wiedersehn!» Wir Bayern jedenfalls sagten so, ganz von selbst, seit Menschengedenken.

Nur Huber sagte es niemals, obwohl er ein Urbayer war, zu blauem Straßenanzug die grüne Trachtenweste trug, samt einem Uhrkettengehänge mit Hirschgrandeln. Huber grüßte, geradezu norddeutsch:

«Guten Morgen», «Guten Tag»; zum Abschied hingegen mit dem urbajuwarischen «Pfüat di!»

«Hockt Euch», kommandierte er, sobald er die Klasse betreten, «hockt Euch nieder.» Das heimelte an. Das war kein Befehl, wie das schneidige, leidige «Setzen», das war mehr eine Einladung. Er selber hockte sich ebenfalls, zog den Stuhl hinter dem Katheder hervor, ließ sich frei darauf nieder und faltete die Hände über dem Leib — ein Bild wohlwollenden Behagens. Es wurde einem selber warm dabei.

Sooft er sich genötigt sah, etwas an die Tafel zu schreiben, nahm er gewissermaßen einen inneren Anlauf und schwang sich vom Stuhle herunter; denn seine Beine waren ein wenig kurz geraten. Dafür hatte ihn die Natur mit umso achtunggebietenderen Handwerkszeugen ausgestattet, mit richtigen Quadratpratzen. «Ich will Euch den Fall lieber auftüpfeln», sagte er, und schrieb uns mit seinen gewaltigen Pranken, in denen jede neue Kreide sofort zerbrach, Namen und Jahreszahlen an, die wir uns einprägen sollten. Wenigstens glaubten wir lange Zeit, daß dies seine Absicht sei, wenn er, in der Geschichtsstunde vor allem, beide Wandtafeln bekritzelte. Auch andere Lehrer liebten ja dieses schriftliche Verfahren, wenn sie es auch nicht gerade Auftüpfeln nannten. So klang es jedenfalls gemütlicher; und wir gewöhnten uns ebenfalls an, von Auf- und Abtüpfeln zu sprechen. Ja unser aller Redeweise näherte sich der seinen, so wie Freunde und Liebende voneinander Ausdrücke übernehmen. Wir mochten den Huber und waren noch nicht von jener kritischen Aufmerksamkeit geplagt, die auf die Eigentümlichkeiten eines Lehrers, eines Spießes, wie wir sagten, geradezu lauert.

Es mußte mir mit der Zeit aber doch auffallen, daß ich so oft aufgerufen wurde, nicht nur, wenn ich selbst, sondern wenn einer meiner Nachbarn gemeint war. Neben mir saß der Kusche, hinter mir der Denzel, vor mir der Zahn. «Heimeran der Nebenmann», rief Huber auf. «Heimeran der Hintermann», «Heimeran der Vordermann». Jedesmal zuckte ich natürlich zusammen. Offenbar konnte Huber die Namen Kusche, Denzel, Zahn durchaus nicht behalten, obwohl sie doch wahrhaftig nicht schwieriger waren als andere. Aber als sich das nach Wochen immer noch nicht änderte, setzte ich mich aus dieser gefährlichen Ecke weg zu Wallach, Ley und Raab und hatte fortan mehr Ruhe.

Als wir das erstemal eine Schulaufgabe herausbekamen, wurden wir schon stutziger. Huber fing mit den Vierern und Dreiern an — viele Lehrer nannten ja zuerst die schlechtesten Arbeiten — teilte dann aber anschließend nicht Zweier und Einser, sondern mehrere Gut, mehrere Recht-gut aus; und was sonst Eins-auf-Zwei oder Zwei-auf-Drei hieß, bezeichnete Huber als Recht-gut, aber mehr Bene, und als Bene, aber mehr Drei. Eine solche vertrackte Notengeberei war mit einer mundartlich gefärbten jovialen Redeweise

nicht mehr zu erklären. Wir paßten ihm nun scharf
auf den Mund, dem Guten.

Da hatten wir etwa die Wüstenbildungen auf
der Erde durchzunehmen. Das Wort Wüste fiel auf-
fälligerweise dabei kein einziges Mal. Bei Huber hie-
ßen Wüsten weite Oedeneien, nicht etwa von Sand
bedeckt, wie wir bisher vermutet, sondern von fein-
gemahlenem Geröll und dergleichen. «Dergleichen»
war eine Hubersche Lieblingsfloskel, und ich habe
Jahre gebraucht, um sie mir wieder abzugewöhnen.
Es ist so bequem, «und dergleichen» zu sagen, wenn
einem nichts mehr einfallen will.

Am eingehendsten behandelte Huber die Gobi und
die Kalahari. Die Sahara erwähnte er nur flüchtig, als
eine Art Gobi in Afrika, worüber sich unsere späteren
Geographielehrer erstaunt zeigten. Noch mehr ver-
blüffte sie, daß wir Länder wie Afghanistan und Be-
ludschistan (und dergleichen) nach Hubers Vorbild als
Afghanien und Belunien titulierten!

Ich weiß nicht, welchem scharfsinnigen Klassen-
kameraden die Entdeckung gelang, daß Huber kein s
sprechen konnte, überhaupt keinen Zahn- und Zischlaut, und daß sich alle seine sprachlichen Seltsamkeiten
daher erklärten. Diese Entdeckung war um Weih-
nachten ganz einfach da, und sie erklärte in der Tat
alles. Wir gingen in Gedanken die Huberschen Stunden zurück und besaßen jetzt wahrhaftig für jede seiner
Absonderlichkeiten den Schlüssel. Jetzt begriff ich auch,

warum er sich bei Kusche, Denzel, Zahn meines zisch-
losen Namens als Vorspann bediente, und warum er,
nachdem ich mich weggesetzt, diese drei nur noch per
»du da, er da, der da« aufrufen konnte und von uns
nie als von seiner Klasse, sondern wie militärisch als
von seiner Abteilung sprach.

Aber du lieber Himmel: was heißt das eigentlich,
man k a n n kein s sprechen? Irgendwie mußte Huber, der sich doch gesunder Zähne und einer gesunden
Zunge erfreute, eine Art von Zischlaut hervorbringen
können? Ein kleiner Sprachfehler, ein bißchen An-
stoßen und Feuchtigkeit war doch bei vielen Lehrern
an der Tagesordnung und tat ihnen nicht sonderlich
Abbruch. Warum probierte es Huber wenigstens nicht
einmal, statt sich diese ungeheuerliche Plage anzutun,
jeden Zischlaut zu vermeiden? Wir versuchten, spiel-
weise miteinander ebenfalls ohne s auszukommen, aber
wir strauchelten schon nach wenigen Minuten oder
blieben stecken. Er aber strauchelte nie, blieb nie
stecken und plauderte so geläufig, als seien diese
scharfen Konsonanten von der Natur eigentlich garnicht vorgesehen.

Niemals wieder herrschte in einer Klasse eine so
gespannte Aufmerksamkeit wie damals in unsrer 3a
in den Geographie-, Deutsch- und Geschichtsstunden.
Was sage ich: Deutsch und Geschichte? Zwar lehrte sie
Huber als Fach, er konnte sie aber nicht aussprechen.
Die Geschichte hieß bei ihm schlechtweg die Vergan-

genheit. Das war gut, das war völlig unauffällig, wir hatten bisher nicht das mindeste dahinter gefunden. Wie aber sagte er eigentlich für Deutsch? Er vermied es tunlichst, so schien es, es war ihm selber nicht ganz geheuer damit. Aber er hatte auch dafür einen Ausweg gefunden. Deutsch, das war der Mutterlaut. Und er sprach dieses Wort, wenn er es denn gebrauchen mußte, in einem etwas schwärmerischen gehobenen Ton, als könne er sein geliebtes Deutsch garnicht innig und poetisch genug benennen.

Ja, er war ein Phänomen. Was verschlugen da gewisse Bevorzugungen, die er in der Geschichte allen Männern ohne s angedeihen ließ? Selbstverständlich stand er auf der Seite der Athener, nicht der Spartaner. (Ich übrigens auch.) Von Philipp, dem Vater, hörten wir wesentlich mehr als von Alexander, dem Sohne, den er schlechthin den Eroberer nannte, eine durchaus hinreichende Bezeichnung. Für Hannibal war Huber richtig begeistert; für Scipio hatte er nicht das geringste übrig. Dagegen schnitten selbst Gestalten wie Nero verhältnismäßig gut bei ihm ab. Daß ihm in der deutschen Geschichte Pippin der Kleine mehr zusagte als Karl der Große mochte auch darin seinen Grund haben, daß Huber, wie alle Männer von kleiner Statur, die Großen nicht recht leiden mochte. Doch besaß dieser Karl der Große, bei Huber schlechtweg Karl oder Karl der Gewaltige genannt, den unbestreitbaren Vorzug, um 800 gekrönt worden zu sein

— eine der wenigen markanten Geschichtszahlen, die Huber aussprechen konnte, ohne sie aufzutüpfeln. Kurz und gut (oder um mit Huber zu sprechen: Fertig und gut): die Hubersche Geschichtsbetrachtung, die man die antisusurratische nennen könnte, war im großen und ganzen nicht einseitiger als manch andre auch und schärfte entschieden unseren Blick.

Ja, wir paßten auf wie die Schießhunde. Die Kastanien im Schulhofe hatten Schneekapuzen umgenommen, hatten sie wieder abgeworfen und machten schon grüne Händchen. «Hockt nicht immer da wie die Bauern», mahnte Huber, «guckt auch einmal in die Natur!» Welch unerhörte Aufforderung von seiten eines Lehrers, während des Unterrichts doch gefälligst auch einmal hinauszuschauen durch die Fenster! Denn wir hingen wie gebannt an seinen Lippen und warteten, daß er sich doch einmal verhaspeln oder doch wenigstens nicht mehr hinauszuhelfen wüßte. Wie wollte Huber es beispielsweise bewältigen, uns aufzufordern, ihm die vom Lehrplan verlangte Geschichte vom Siegfried und der schönen Melusine zu erzählen? (Fünf Zischlaute!) Wir stellten uns begriffsstutzig, um ihn zu dieser Aufforderung zu zwingen. «Bericht' einmal von der Begebenheit vom Held und der Jungfrau!» sagte er. Beinahe hätten wir bravo gerufen.

Auch unter den Lehrern wurde es ruchbar, was es mit ihrem Kollegen für eine Bewandtnis habe. Auch sie beteiligten sich daran, Fallen zu stellen. «Wo wohnen Sie eigentlich, Herr Kollege?» fragten sie unschuldig. Huber wohnte Residenzstraße 13, was freilich sehr unvorsichtig von ihm war.

«Dem König gerade gegenüber, vornehme Lage», antwortete er scherzend.

«Also Residenzstraße 12?»

«Die folgende.»

Sie konnten ihn nie fassen. Keiner konnte ihn fassen. Er war eben ein Phänomen, dabei immer gleichmäßig freundlich und bescheiden. Während der Pause (die er nicht sagen konnte), aß er eine trockene Salzstange (die er auch nicht sagen konnte). Auch für Wasser hatte er kein Wort, keines für Hals und Herz, keines für Samstag und Sonntag, keines für Sonne und Stern. Ja jedes ist, hast, bist, jedes dies und das war ihm versagt. Wie war er damit eigentlich zu dem ihm unaussprechlichen Amte eines Professors gelangt?

Wir debattierten Tag für Tag über dieses rätselhafte Warum und Wieso. Hatte er vielleicht ein Gelübde getan? Hatte er ein böse zischendes Wort, das ihm einmal entfahren, sich dadurch zu büßen vorgenommen, daß er hinfort alle diese bösen Laute mied? Einige von uns glaubten wirklich daran. Aber dann wäre er doch beim besten Willen einmal entgleist. Mit dem Willen war eine solche Leistung nicht zu bemeistern. Es mußte schon etwas anderes im Spiele sein, etwas Höheres oder Tieferes, wie man will. Es herrschte jetzt im Unterricht bei ihm eine geradezu scheue und feierliche Ehrerbietung, wie man sie im Altertum, so lehrte uns Huber selbst, den Irren gezollt. War er am Ende wirklich nicht ganz bei Troste? Aber wenn man ihn so sitzen sah, geradezu ansteckend behaglich, durch und durch ein Huber, fiel auch diese Deutung in sich zusammen.

So sind wir nie hinter sein Geheimnis gekommen. Es bildete sich die Legende, er hieße in Wirklichkeit garnicht Huber, sondern vielleicht Schmidt oder schlimmer noch, Schulze. Das Schuljahr ging zu Ende, der Krieg schritt fort, wir mußten unser vertrautes Gebäude, an dem der wilde Wein kletterte, für die Soldaten räumen; und als wir uns in der sogenannten Filiale wiederfanden, war Huber nicht mehr da. Er war einfach nicht mehr da, entrückt, wohin auch immer.

Tröstlich zu denken, daß Huber einst ins jubilierende „Halleluja" des Himmels aus vollem Munde wird einfallen können.

Singen

Nach vier und fünf Stunden Unterricht ist der Schüler erschöpft, gleichviel ob durch Anspannung oder infolge Langerweile. Auch vom Lehrer verlangen letzte Stunden das Letzte. Der Stundenplan wechselte daher diese unbeliebten pädagogischen Schwanzstücke gerechterweise zwischen den Fächern ab. Nur ein Fach mußte für ewige Zeiten mit Schlußstunden vorlieb nehmen: Singen.

Es war ja die Frage, ob Singen überhaupt ein Fach sei? Daran glaubte im Ernste doch nur der Musikprofessor. Und war das etwa ein richtiger Professor?

Schwerlich. Wir redeten ihn jedenfalls nur als Herr Chordirektor an.

Vielleicht denkt man es sich ministeriell als Erholung und Erfrischung, wenn der Schüler, müde und hungrig, singt. Der Soldat singt doch ebenfalls mit Vorliebe dann, wenn er nichts zu essen, aber viel zu marschieren hat und man ihn kommandiert: «Singen!» Wie dem auch sein möge: wir sangen im Singen nur höchst selten. Die Singstunde war vor allem ein Kampf mit der Disziplin, dann ein Kampf mit dem richtigen a, dann wieder mit der Disziplin.

Zunächst einmal fehlte im Singen regelmäßig die größere Hälfte der Schüler. Wir hatten zwar in der Mathematik gelernt, daß es größere Hälften nicht gibt, daß sie also weder da sein, noch fehlen können. Im Singen fehlten sie trotzdem. Es war einfach erstaunlich, wie klein die Klassen wurden, sobald es ans Singen ging. Dabei waren alle Parallelklassen im Singunterricht zusammengefaßt. Von der vierten Klasse gab es bei uns beispielsweise gleich fünf vollbesetzte Abteilungen, die 4a, die 4b, die 4c, die 4d, die 4e. Man hätte demnach erwarten dürfen, daß das Musikzimmer, ungeachtet seiner Geräumigkeit, von Sängern geradezu geborsten wäre. Es barst mitnichten. Bisweilen ließ sich nicht einmal mehr ein Halbkreis von Sängern um den Flügel herum bilden.

Die meisten fehlten deshalb, weil sie mutierten. Der Stimmbruch setzte bereits in den untersten Klassen ein und verlor sich erst in den oberen, sobald auch die Singstunden aufhörten. Von Generation zu Generation wurde die Kunstfertigkeit überliefert, wie man bei den alljährlichen Stimmproben glaubhaft mache, beim besten Willen nicht singen zu können, sei es, daß man mutiere, sei es, daß man hoffnungslos unmusikalisch sei und gänzlich außerstande, einen Ton zu treffen.

«c», schlug der Chordirektor am Flügel die Tonleiter an.

«d», sang der Prüfling (oder besser noch cis).

«Falsch. Stell Dich nicht so an. c, c, c.»

«h», sang nun der Prüfling.

«Dich kann ich nicht brauchen. Der nächste.»

«Entschuldigen Herr Chordirektor», krächzte der, «ich mutiere.»

«Faule Ausrede. In Deinem Alter mutiert man noch nicht.»

«Ich schon», beharrte der und machte es vor. Er machte seine Sache hervorragend. Er hatte darauf studiert.

Wütend schlug der Chordirektor einige Akkorde an, um sich zu beruhigen. «Weiter. Du da.»

«Ich?» sagte der, beleidigt-erstaunt. «Sie haben mich doch selber vom Singen befreit, Herr Chordirektor, weil ich den Stimmbruch habe.»

«Das war im letzten Jahre und im vorletzten. Wie

lange willst Du eigentlich noch mutieren? Du singst jetzt, verstanden! c, c.»

«Ich kann doch schließlich nichts dafür, wenn ich so lange mutiere», beschwerte sich der Gescholtene. Beifallsgemurre in der Sängerklasse.

Der Chordirektor arpeggierte am Flügel stehenden Fußes seinen Groll hinauf und hinunter, griff dann nach einem Schülerverzeichnis und rief auf: «Liebergesell.»

«Fehlt», antwortete die Klasse.

«Ludwig Ralf», fuhr der Chordirektor fort.

«Fehlt.»

«Meyer Wilhelm!»

«Fehlt.»

«Wo ist das Klassenbuch?» brüllte der Chordirektor und kramte unter den Noten auf dem Flügel herum. «Es ist doch ganz unmöglich, daß die halbe Klasse krank ist!»

Das Klassenbuch war nicht aufzufinden. Der Chordirektor ergriff den nächstbesten Fetzen Notenpapier und notierte sich die, die fehlten. «Hinter diese Krankheiten will ich schon kommen!» drohte er. Akkord.

Da man aber aus Erfahrung wußte, daß der Chordirektor seine bedrohlichen Notizen doch wieder verlegte, schwänzten ganze Bankreihen das Singen ungeniert weiter.

Bei derlei Zuständen soll nun einer Gesangsunterricht erteilen, zumal wenn er überdies Naturapostel

ist wie unser Chordirektor! Das freilich machte seine
Sache noch schlimmer.

Zunächst einmal trug er einen rötlichblonden, in
zwei schüttere Strähnen auslaufenden Vollbart. Ich
will damit nichts gegen Bärte an sich gesagt haben.
In der Erregung aber, von zornigen Klavierakkorden
untermalt, wirkt so ein Bart auf die Disziplin durchaus abträglich. Wenn der Musikprofessor gar nach der
Geige griff und sein Bart sich auf dem Instrumente ab-
lagerte wie Seetang, fiel es uns ungemein schwer, musikalisch ernst zu bleiben. Zum Lachen gebracht, kann
man aber nicht singen. Ich möchte Schulchorleitern
daher von der Barttracht wohlwollend abraten.

Sodann huldigte unser Apostel der männlichen Re-
formkleidung, die hauptsächlich darauf beruhte, daß
sie später anfing und früher aufhörte als ein normaler
Männeranzug, daß sie statt praktischer Knöpfe und
Taschen höchst unpraktisches Riemenzeug und Beutel-
zeug bevorzugte und dem grünen Loden die höchsten
Ehren erwies. Der Hals und der Brustausschnitt unseres Chordirektors lagen demgemäß frei — vor den
Unbilden der Witterung notdürftig durch den Bart
geschützt — dann kam ein Netzhemd und viel Loden
drumherum. Die schlotternden Hosenbeine reichten
kaum über die Waden; hernach folgte das natürliche,
dennoch keineswegs anmutige Bein; die blanken Füße
steckten in außerordentlich umständlich gebundenen
Sandalen, in denen man sich allenfalls bei schönem

Wetter auf glattem Asphalt ungestraft bewegen konnte. Natürlich war unser Apostel auch Vegetarianer und zwar von der strengsten Observanz, daher zugleich vom Missionstrieb beseelt. Er pries uns die Köstlichkeit honigbestrichener Radieschen, ein Gericht, über das ich heute mit mir reden ließe, das uns aber damals als eine ebenso ekelerregende Ausschweifung erschien als ihm unser Fleischgenuß. Er kaute es uns vor, machte genießerisch «mhm» und «ah, ah» wie Mütter, die ihre Kinder zum Essen veranlassen wollen, und lehrte uns, daß man jeden Bissen solange im Munde mahlen müsse, bis er als dünnflüssiger Speisebrei wie von selber, fast ohne zu schlucken, in den Schlund rinne.

So blieben dem Reformer nur diejenigen ergeben, die von zu Hause musikalische Neigungen mitbrachten und dafür die Radieschenpredigten in Kauf nahmen. Sie sangen nach Kräften, selbst wenn sie wirklich mutierten — ich habe mir damals meine Stimme für alle Zeiten verdorben — und taten sogar freiwillig im Schulorchester mit.

Und der Apostel lohnte es uns. Eines Samstags nach der Stunde — wir wurden dringend daheim zum Mittagessen erwartet —, machte er uns ein aufsehenerregendes Geständnis. Er offenbarte uns, daß er eigentlich gar kein Pädagoge sei (das hatten wir freilich längst gemerkt), auch Chordirektor sei er nur so am Rande, im Grunde sei er etwas weit Höheres, ein deutscher Tondichter! Er griff einige süße Sextengänge, trat einen Schritt vom Flügel zurück und lächelte uns an.

Wir schwiegen betreten. Nicht, als ob uns ein deutscher Tondichter an sich peinlich gewesen wäre. Die Feierlichkeit dieser Eröffnung aber setzte uns in Verlegenheit. Was soll man auch dazu sagen, wenn einem ein solches intim schöpferisches Geständnis gemacht wird?

Wir hörten draußen im Schulhof die Kastanien fallen.

Mein Freund Ludwig Kusche faßte sich am schnellsten. Denn er komponierte selbst. Ja, es war eine Singstunde gewesen, in der wir uns gefunden hatten. Ludwig fiel in Ohnmacht wegen der schlechten Luft — es ist ja wirklich merkwürdig, daß selbst gute Musik oft sehr schlechte Luft macht — ich bemühte mich um ihn, brachte ihn nach Hause, er komponierte mir zum Dank ein Duett für Geige und Klavier, und das war der Anbeginn unsrer Freundschaft.

Dieser Ludwig rettete die Situation. «Was schaffen Sie denn, Herr Chordirektor?» erkundigte er sich. Ja, das waren die richtigen, die erlösenden Worte. So muß man sprechen, wenn man einem Tondichter gegenübertritt. Sogleich öffneten sich die Schleusen des Meisters, und er führte uns ein in sein Werk.

Zunächst machte er uns mit seinen Liedern bekannt, Stößen von Liedern, an denen man richtig zu schlep-

pen hatte vom Notenschrank zum Flügel. Dabei war
ein Lied vom andern in seiner Erfindung und in seinen
Ausdrucksmitteln grundverschieden; wenigstens behauptete das der Meister.

«Hören Sie, hören Sie?» sagte er stolz und sein
Bart wehte. Er siezte uns in der Begeisterung lange
vor der Zeit, und wir kamen oft zu spät nach Hause.

Mir erschienen offengestanden alle diese Lieder recht
eintönig, und ich hörte nur wenig von dem heraus,
was der Meister seinen Erörterungen gemäß hinein-
geheimnist hatte. Ja, die meisten dünkten mich geradezu kindlich, und ich ertappte mich, obwohl ich doch
vom Komponieren keinen Schimmer hatte, auf dem
vermessnen Gedanken: «Das könnte ich auch.» Ludwig behauptete, die Gleichförmigkeit dieser Lieder
rühre daher, daß sie alle am Klavier zusammengesucht
seien; sie seien nicht eigentlich innerlich gehört, wie es
einem richtigen Komponisten zieme, sondern auf
der Klaviatur errechnet wie auf einem Schachbrett:
da eine weiße Figur, dort eine schwarze.

Ob das nicht wieder zu hart geurteilt war? Denn
der Meister beschränkte sich keineswegs auf Lieder,
die unter Komponisten vielleicht als eine Art Spielerei
angesehen werden, gleich Gedichten unter den Schrift-
stellern; unser deutscher Tondichter arbeitete damals
vielmehr an einem grandiosen Werk für gemischten
Chor und Orchester, das er beim nächsten Schlußfest
uraufzuführen gedachte.

Ein kühner Gedanke! Denn seit unser Gymnasium bestand, wurde zur Krönung der Absolutorialfeier alle Jahre wieder der Chor mit Orchester aus dem Oratorium «Die Schöpfung» von Haydn aufgeführt, und er klappte eigentlich immer noch nicht richtig. Man kam stets ins Rennen; die Himmel erzählten die Ehre Gottes immer schneller und schneller, sodaß der jeweilige Solist, der es dem kommenden Tage, beziehungsweise der folgenden Nacht weiterzusagen hatte, ganz außer Atem kam. Man durfte froh sein, wenn sich alles beim «zeigt an, zeigt an, zeigt an das Firmament» wieder sammelte und fing. Und da wollte der Chordirektor allen Ernstes ein neues Werk einstudieren, ein zeitgenössisches Werk überdies, das noch niemand kannte, das Werk eines deutschen Tondichters?

Und das war nicht die einzige Schwierigkeit bei der Sache. Die Hauptschwierigkeit lag im Meister selbst. Obwohl das Werk nämlich fertig vorlag — er zeigte uns strahlend die Partitur — besserte er immer noch daran herum. Ludwig fand, das sei ebenfalls nicht das richtige Verfahren für einen Komponisten. Man solle ein Werk, wenn es einmal abgeschlossen sei, lieber ruhen lassen, es vielleicht nach Jahren, gut abgelagert, noch einmal vornehmen, aber nicht unausgesetzt daran herumwurschteln. Wahrhaftig «wurschteln» nannte er das, wie eben Komponisten für ihre allerhöchsten Bemühungen oft recht vulgäre Ausdrücke gebrauchen. Ich habe noch häufig gefunden, daß gerade bei hohen Komponisten im Alltagsleben ein Zug ins Gewöhnliche hervorsticht.

Da verstand ich das Streben unseres Schultondichters, das besagte Gewurstel, wohl besser. Hatte ich mir doch damals in den Kopf gesetzt, statt der beständigen Gedichtemacherei eine Seite Prosa zu schreiben, nur eine Seite, diese aber in unablässiger Bemühung so vollkommen, daß die Welt staunen sollte!

Diese nämliche staunenswerte Vollkommenheit erstrebte der Meister auch. Er spielte und sang uns, so gut das am Flügel und mit Bart gehen wollte, das Werk vor in der ursprünglichen ersten Fassung, dann in einer verbesserten zweiten, und schließlich in der dritten und letzten — gesetzt, daß es wirklich die letzte sein würde.

«Hören Sie, hören Sie?» fragte er verklärten Auges.

Gewiß, gewiß, wir hörten. Mir gefiel das Werk nicht einmal übel, mochte es Kennern auch zusammengewurschtelt erscheinen. Was mir allerdings weniger gefiel, war der Text, den der Meister für sein Werk gewählt hatte, ein patriotischer Text, und zwar was für einer! Ich bin auf meine Art ein guter Patriot, bilde ich mir ein, und habe auch gelegentlich nichts gegen einen feurigen Militärmarsch oder gegen ein Marschlied. Aber um der Musik als solcher zu dienen, um ein musikalisches Meisterwerk zu schaffen, scheint mir Patriotismus fehl am Platze.

Der Meister hatte den damals aktuellen Text gewählt: «Brüder, laßt uns Arm in Arm in den Kampf marschieren.» Was für ein Kohl! um einen gelinden Ausdruck zu gebrauchen. (Ludwig gebrauchte ganz andere!) Hat man, frage ich, Soldaten jemals Arm in Arm in den Kampf marschieren sehen?

«Das ist symbolisch zu verstehen», verteidigte sich der Meister. «Darauf kommt es nicht an. Aber wie in den Knabenstimmen das ‚Brüder', in den Männerstimmen das ‚Arm in Arm' verschränkt ist» — er blätterte die Stelle in der Partitur nach und zeigte darauf hin — «und hier unten in den Bässen und in der Pauke als continuo der Marsch-Takt gegeben wird: rum — dum — rum — dum, rum dum dum — das müssen Sie hören. Hören Sie?»

«Woher wollen Sie denn die Pauke nehmen, Herr Chordirektor?» wandte Ludwig ein. «Und Contrabaßisten haben wir im ganzen Pennal auch nur einen, und der kann keinen Takt halten.»

Der Meister beachtete den Einwand garnicht. «Und doch», grübelte er, «ich bin mit der Fassung nicht ganz zufrieden. Rum — d u m ? Ich werde es noch einfacher geben. Rum — r u m ! alles Große ist einfach. Haben Sie bemerkt, wie es in der ersten Fassung noch hieß Brü-hü-der? Auf und ab? Und jetzt so schlicht, so einfach: Brü-der? — Rum — rum.» Er nahm die Partitur auf die Knie und trug mit einem winzigen Bleistiftchen Korrekturen ein. Die vierte Fassung entstand.

Wir schlichen davon. «Ich bin gespannt, wie ihm das hinausgeht», sagte Ludwig und grübelte gedankenvoll in seiner gewaltigen Nase. O diese Komponisten!

Und es ging ihm hinaus, dem Meister. Er vollendete die endgültige Fassung. Er ließ auf eigne Kosten die Stimmen kopieren, verteilte bei den Proben Freibrezen und Freiradieschen (ohne uns den Honig dazu aufzunötigen) und bewegte sogar den Rektor, ein paarmal gründlich dazwischen zu fahren, damit die Disziplin auf die Höhe käme. Er engagierte einen Berufspaukisten und verstärkte den kümmerlichen Kontrabaß dadurch, daß er auch die Celli, die er Kniegeigen nannte, sowie die Bratschen rum — rum spielen ließ. So wurde das große Musikzimmer wahrhaftig zu klein. Der Meister mußte erst einen Klavierstuhl, dann gar den Flügel selbst als Podium benützen, um das fürchterliche Gedränge zu überblicken und die viele Musik zu bändigen. Es tönte ohrenbetäubend, kaum daß man seinen eigenen Part hörte. «Leiser, leiser!» brüllte der Meister. Auf der Straße blieben die Leute stehen und die Hunde liefen zusammen. Daher mußten die Fenster geschlossen und die Rolläden heruntergelassen werden. So marschierten wir in schrecklicher Luft und künstlicher Beleuchtung Arm in Arm in den Kampf.

Da wäre ja nun wenigstens eine Hauptprobe im Turnsaal, dem Orte der Schlußfeier und Uraufführung, nötig gewesen. Der Meister hatte auch fest damit

gerechnet, schon um den akustischen Effekt zu studieren. Den Turnsaal mit seinen Reckgerüsten, Barren,
Pferden und Kletterstangen in einen Weiheort zu ver-
wandeln, kostete jedoch alljährlich geraume Vorbe-
reitung, die der Turnlehrer seinerseits mit allen Knif-
fen hinauszuschieben trachtete. Zunächst mußten die
Geräte abmontiert, beiseite gebracht oder doch wenigstens mit Guirlanden aufgeputzt werden. Auch die
Wandnische über den Kletterstangen mit der Büste
des Turnvaters Jahn, die zugleich dem verehrten
Prinzregenten glich, bedurfte festlicher Garnierung.
Dann war das große Podium für Chor und Orchester
aufzuschlagen und mit weißblauem Fahnentuch zu
bespannen. Der Herr Rektor benötigte ein festes Rednerpult, das aber auch wieder nicht zu fest sein durfte,
damit man es leicht wegnehmen konnte, sobald der
Dirigent in Erscheinung trat. Am umständlichsten ge-
staltete sich jedesmal der Transport des Flügels aus
dem Musikzimmer in die Festhalle, und er sowohl wie
verschiedene Türpfosten und Mauerecken trugen dabei
Schrammen davon. Endlich wurde von der Stadtgärt-
nerei, gewöhnlich erst im letzten Augenblick, ein Wagen voll Lorbeerbäumen angefahren, die in ihren
grünen Kübeln über das Parkett zu rollen und gar
aufs Podium hinaufzuzerren auch seine Zeit brauchte.
Schließlich noch die Stuhlreihen für den Lehrkörper,
für Eltern und Gäste — kurz, man hatte sich verspätet,
es waren ja schließlich Kriegszeiten, in denen man

ohnedies nicht erwarten durfte, daß alles wie am
Schnürchen klappte, und so blieb nichts übrig, als die
Uraufführung frischfrommfröhlichfrei zu wagen und
ohne Saalprobe in den Kampf zu marschieren.

Er war für den 13. Juli nachmittags drei Uhr an-
gesetzt, kein besonders stimmungsvoller Termin. Ich
weiß nicht, wie unserm Meister an diesem Mittag die
obligaten Radieschen mit Honig schmeckten. Er erschien im Frack; vielleicht sah er nur deshalb so auffallend bleich aus. Vielleicht drosselte ihn auch der
ungewohnte Stehkragen oder die Lackschuhe drückten
ihn.

Wir Musikanten sammelten uns im Musikzimmer,
um die Instrumente zu stimmen. Der Meister ließ es
sich nicht nehmen, sie alle eigenhändig beziehungsweise eigenhörig zu prüfen. Er hatte schon trübe Er-
fahrungen gemacht, was gewisse freiwillige Musikanten unter einem a verstehen. Guido Müller, unser
Flötist, mußte die Noten an sich nehmen, denn er
hatte an seinem Instrument am wenigsten zu tragen.
Außerdem konnte man sich auf ihn verlassen. Man
denke: wenn im letzten Augenblick die Noten verschwinden würden! Der Meister schien derlei schreck-
liche Befürchtungen zu hegen.

Der Saal war offiziell noch gar nicht geöffnet, nur
die Sänger trieben sich schon herum. Wir kamen zwar
erst zum Schluß im Programm mit unsrer Nummer,
doch schien es in Ermangelung einer Hauptprobe an-

gezeigt, sich wenigstens über die zweckmäßigste Auf-
stellung des Chores und des Orchesters zu verstän-
digen, nachzusehen, ob der Pedell genügend Pulte und
Stühle herangeschafft hatte und ob der Flügel richtig
stand, dem die wichtige Aufgabe zufiel, schwach be-
setzte Instrumente und Stimmen zu untermalen.

Wir konnten uns nicht beklagen, sogar die Pauke
stand bereit und der Kontrabaß. Guido durfte
beruhigt die Stimmen austeilen, und wir vom Orchester durften uns setzen. Ja, das ist der Vorteil der
Instrumentalmusiker, daß sie sich insbesondere bei
Veranstaltungen mit Reden und Vorträgen nicht die
Beine so in den Leib stehen müssen wie die Sänger.
Dagegen haben diese ihr Instrument immer mühelos
bei sich und müssen sich keine Saiten kaufen.

Der Saal füllte sich, die Klassen marschierten geschlossen heran, Lehrer und Eltern stellten sich ein,
der Meister zog sich ins Lorbeergebüsche zurück.

Das Programm wickelte sich ab, wie es gedruckt
stand (man hörte es rascheln):

1. Ouvertüre zur Oper Cosi fan tutte von Mozart
— aber nicht etwa für Orchester, sondern für Klavier
vierhändig, nach dem Arrangement von Erich Eisner
7a, der dabei selber mitwirkte. Freundlicher Applaus.

2. Prolog, gedichtet von Studienrat Dr. Weber, der
schamhaft verklärt in der ersten Reihe saß. Vortra-
gender ein Kleiner in Matrosenanzug, der, wie man es
ihm eingeschärft hatte, während der Deklamation die

Hände an der Hosennaht festhielt. «Herrlich ists an Maientagen, in dem hohen Gras zu liegen — —.» Gerührte Begeisterung, insbesondere bei den anwesenden Müttern.

3. Romanze in F-Dur für Violine und Klavier von Beethoven, der dazu eigentlich Orchester vorschrieb. Aber Erich Eisner (siehe oben) bemeisterte den Part am Klavier durchaus; Geige: Ernst Bendix 7b. Kein sehr lauter, aber lang anhaltender Beifall der Kenner, mehrere Vorhänge gewissermaßen.

4. Nero, Gedicht von Friedrich von Sallet; vorgetragen von Alwin Müller 4a. Sehr theatralisch und thematisch nicht recht am Platze — denn wieso Nero bei einer bayrischen Abschlußfeier? — aber zweifellos sehr wirkungsvoll. Beifall.

5. Ansprache des K. Rektors — mit den obligaten Kernsprüchen, aber wohltuend kurz, da der Rex Mathematiker war — gerührte Verteilung der Reifezeugnisse und Dankesrede eines Abiturienten, der versicherte, er, beziehungsweise die Abiturienten samt und sonders, seien von ewiger Dankbarkeit gegen ihre Lehrer erfüllt und würden sie nie vergessen.

Wir oben auf dem Podium, die das alles von der Kehrseite verfolgten, was auch seinen Reiz hat, hielten uns musterhaft still; kaum daß einer einmal ein bißchen an seinem Instrument zupfte. Auch der Chor stand wie angenagelt. Die einzige Unruhe war im Lorbeerhain zu bemerken, wo der Meister offenbar

von einem Bein auf das andere trat. Manchmal sahen
wir ihn auch zwischen den Blättern hervorspitzen; er
schien aufs äußerste beunruhigt.

Jetzt kam die Reihe an ihn; er mußte wohl oder
übel den schützenden Lorbeerhain verlassen und sich
der applaudierenden Menge zeigen. Auch wir klopften
wie alte Orchesterhasen mit den Bogenstangen Beifall
an unsre Pulte.

«Die Pauke, die Pauke», flüsterte der Meister ge-
drückt, indessen er sich den Weg zum Podium bahnte.

Ja, zum Kuckuck, die Pauke. Oder vielmehr der
Paukist. Wo war der Paukist? Müßige Frage. Wo er
auch sein mochte, jedenfalls war er nicht zur Stelle.

Das war ein Schlag, den der Paukist führte! Aber
da half nun nichts, der Meister konnte sich nicht länger
im Orchester herumdrücken, sondern mußte aufs Podium hinauftreten und sich verneigen.

Der zweite Lapsus. Die Pedellen hatten versäumt,
das Rednerpult vom Podium zu räumen, sodaß das
Publikum von des Meisters Verbeugung nur das obere
Drittel zu sehen bekam. Bei Dirigenten ist das sonst
nicht üblich, die verlangt man in ganzer Figur.

Der Meister verneigte sich in seiner Aufregung
öfters, als verlangt wurde. Aber dann mußte er doch
das Zeichen geben zum Beginn. Er dirigierte nicht nur
auswendig, sondern auch freihändig, was stark beachtet wurde. Als Anhänger einer naturgemäßen Dirigier-
weise verachtete er jeglichen Gebrauch des Taktstockes.

Wie beschwörend hob er die nackten Hände, die Finger leicht gespreizt und riß uns mit einem Schwung aus den Schultergelenken, mit einer Art Flügelschlag gleichermaßen, aus den Niederungen zu sich empor, so daß wir unverzüglich begannen, in den Kampf zu marschieren.

Zunächst marschierten nur wir vom Orchester. Ich weiß nicht, ob es nur mir so vorkam: mir wollte scheinen, als marschierten wir keineswegs, sondern schlichen vielmehr wie auf Zehenspitzen einher. Was im Musikzimmer so ohrenbetäubend geklungen hatte, nahm sich hier im Saal aus wie ein Säuseln. Der Meister formte verstohlen die Hände am Munde zu einem Sprachrohr und flüsterte: «Lauter, lauter», wo er sonst «leiser, leiser» gebrüllt hatte.

Also gut, lauter. Wir legten uns in die Riemen und drückten mächtig auf Bogen und Saiten — was freilich, wie der Kundige weiß, nicht die beste Methode ist, einen volleren Ton zu erzielen.

In diesem Augenblick teilte sich der Lorbeerhain, und der Paukiste schlüpfte an seinen Platz. «Noch Zeit genug», hörte ich ihn brummen. Sein erster Einsatz war in der Tat erst nach der Wiederholung der Orchesterintroduktion, einer Art von Zapfenstreich, fällig. Ein Teufelskerl, dieser Paukist. Aber so sind sie, die Herrn Berufsmusiker.

Der Meister, sichtlich erleichtert, spendete uns einen weiteren Zuruf durch die hohle Hand. «Wiederholen»,

verstand ich. Selbstverständlich wiederholen. So war
es ja geschrieben. Wir hatten immer wiederholt. Ich
wiederholte also, und die Geigen, die herumsaßen,
ebenfalls.

Aber andere im Orchester schienen verstanden zu
haben: «Nicht wiederholen», jedenfalls wiederholten
sie nicht und gingen weiter. Dadurch kam der Paukist,
der bald nach der Wiederholung einen Wirbel zu setzen hatte, in Verlegenheit, wem er denn nun folgen
sollte. Der Meister brüllte ihm etwas zu; aber wir waren nun doch schon so lautstark geworden, daß der
Paukist aus dem Zuruf nicht klug werden konnte, und
so wirbelte er denn in Gottes Namen darauf los.

Es gab jetzt also zwei feindliche Parteien: eine, die
wiederholt hatte, wie es in den Noten stand, die andere,
die nicht wiederholt hatte und die sich durch den
Paukenwirbel ins Recht gesetzt sah. Diesen schlossen
sich um des lieben Friedens willen einige von der
Wiederholungspartei an — ich auch — gingen sozusagen mit Pauken und Trompeten zu ihnen über,
während andere, die ihren Irrtum mit dem Weiter-
gehen eingesehen zu haben glaubten, sich ihrerseits
reumütig den Wiederholern beizugesellen trachteten
und zurücksprangen. Da es aber garnicht so einfach
ist, beim Zurück- wie beim Vorwärtsspringen die
richtige Stelle zu treffen, entstanden noch einige Split-
terparteien, die verzweifelt nach dem passenden An-
schluß suchten. Der musikalische Eindruck, den der

Hörer von allen diesen Bemühungen empfing, war in der Tat der eines ungeheuren Kampfgetümmels.

Der Meister faltete die Hände und hob sie flehend gegen den Chor empor, von dem allein jetzt noch Hilfe zu erwarten war.

Es lebe der Chor! Kaum hatte er die Pauke wirbeln hören, so ließ er sichs nicht anfechten, was wir im Orchester sonst noch trieben: er legte los. Insbesondere die Soprane, diese kleinen frechen Lauser mit den Engelsstimmen, brachten ein so jubilierendes «Brüder» hervor, daß gar kein Zweifel mehr bestehen konnte, wie das Werk gemeint sei. Es marschierte.

Der Meister richtete hinfort alle seine Beschwörungen ausschließlich an den Chor. Denn da in den Orchesterstimmen keine Chorstichnoten eingetragen waren, herrschten beständig instrumentale Meinungsverschiedenheiten, wo im Werke man eigentlich angelangt sei, zumal sich die ‚Brüder‘ und das ‚Arm-in-Arm-‘ Marschieren dutzendmal wiederholte. Mir erging es nicht anders. Bisweilen glaubte ich, ich hätte jetzt endgültig die richtige Stelle erwischt, und dann war es doch wieder nur eine ähnliche.

Und doch war das gar nicht so schlimm. Durch das weise Streben des Meisters nach äußerster Vereinfachung machte ja das ganze Orchester im Grunde nichts anderes als rum rum rum, und da konnte nicht viel passieren. Es war sogar recht ergötzlich, bald da, bald dort nach Gutdünken ein rum — rum anzubringen und den Chor damit individuell zu untermalen. Es kam jetzt nur noch darauf an, am Schluß nicht über das Ziel hinaus zu schießen. «Noch drei Takte», brüllte der Meister, «noch zwei, noch ein» — rum, aus.

Schweigen im Saale, ob es auch wirklich aus sei, dann Beifall, immer mehr anschwellender, ja frenetischer Beifall. Die Klassen klatschten im Takte; wer einen Sitzplatz erwischt hatte, trampelte überdies. Der Meister verneigte sich und verneigte sich, der Rex kam aufs Podium und schüttelte dem Meister, unserm deutschen Tondichter, die Hand. «Sehr interessantes Werk, sehr interessant, sehr interessant. Ich danke.»

Zwei Abiturienten hoben den Meister auf ihre Schulter, stemmten ihn einfach hinauf, so sehr er zappelte, und trugen ihn wehenden Bartes im Triumph durch den Saal.

Er soll draußen geweint haben.

Xerxes

«Über Griechenland», erklärte Xerxes, lüftete sich
vom Stuhle und trat frei neben dem Katheder hervor,
«über Griechenland wölbte sich ein allzeit blauer
Himmel, und an den Gestaden brandete das Meer.
Heimeran, komm heraus und sprich nach.»

Und während Xerxes sich wieder hinter das Katheder
zurückzog, rumpelte ich aus der Bank und repetierte
den musterhaften Satz. Ich repetiere ihn heute noch,
wo immer ein Meer brandet, wann immer ein blauer
Himmel sich wölbt. Er ist tief in mich eingegraben;
uns allen, wie wir da saßen, hat er sich unauslöschlich

eingeprägt; er wölbt sich über unser Leben und brandet an den Gestaden unseres Seins.

Alles, was Xerxes zum besten gab, war gleichermaßen zu Mustersätzen geformt. Er sprach sie uns ein für allemal vor, mit halblauter Stimme, wie im Schlafe, seltsam eindringlich und unbeteiligt zugleich, und ließ sie uns, einen um den andern, wiederholen. Er schonte sich dabei selber nicht, erhob und setzte sich, ungeachtet seiner Leibesfülle, zu jeder einzelnen Phrase, gleich wie wir uns zu erheben und wieder zu setzen hatten, nachdem wir seinem Beispiel Genüge getan. In Sätzen ward die Welt erschaffen; Xerxes schuf sie uns Satz um Satz nach, in Deutsch und Geschichte.

Den Spitznamen Xerxes verdankte er seiner auffallenden Vorliebe für die Perser, die er uns nicht nur wie üblich im griechischen Zusammenhang, sondern um ihrer selbst willen ansagte und aufsagen ließ, mit ihren schwer zu merkenden Königen und Satrapen. Er glich selber einem Satrapen, wie er da schwer hinter dem Katheder thronte, die schwammigen Wangen vom Barte schwarz gerahmt. Um den Hals trug er eine über der Brust gekreuzte Kette, wie sie sonst nur von Damen für den Muff oder das Lorgnon benützt wurden. Er hatte dem Vaterlande eine goldene Kette für diese eiserne geopfert; nun gut, jeder Patriot hatte das getan. Warum hatte Xerxes sich aber nicht selber dem Vaterlande dargebracht, wie die meisten unserer Professoren? Er war doch weder zu alt noch zu gebrechlich für den Heeresdienst; für eine Schreibstube, hätte man denken sollen, wäre Xerxes so gut zu gebrauchen gewesen wie für eine Schulstube. Ja, wie erhebend, sich auszumalen, daß sich der Krieg dann hinfort in Mustersätzen abwickeln würde!

Sobald Xerxes die Klasse betrat, ließ er die Fenster schließen, mochte es im Freien noch so mild und im Zimmer noch so dumpfig sein. Die Fenster blieben geschlossen auch vor den Kriegsereignissen, die daran schuld waren, daß man uns aus dem angestammten, hellen Siegfriedbau des noch ländlich - traulichen Schwabing in den muffigen Kasten einer Mietsstraßengegend verbannte, zu deren Gaslaternen sich des abends Zeitungsleser aus dem Fenster beugten, während im Drogerieschaufenster eine Pappfigur des Todes Wanzen schluckte. Jedesmal wenn ein Lastwagen an unserem Schulhaus vorbeiratterte, blätterte Putz von der Decke; einmal stürzte sogar eine Zwischenwand im Gang ein. Wie freuten wir uns da!

«Die Klasse ist billig zu unterhalten», sagte Xerxes geringschätzig und fuhr fort, uns die Geschichte des Altertums einzutrichtern, löffelweise, indessen draußen die Geschichte der Gegenwart vor sich ging.

Auch Deutsch, das einst so geliebte Fach voll Leben und Nähe, wurde unter Xerxes steif und fremd. Wer vordem mit Einfällen geglänzt und die besten Aufsätze geschrieben hatte, schrieb nun die schlechtesten. Denn Xerxes war ein unerbittlicher Anhänger der

pädagogisch längst geächteten Chrie, jenes festgefüg-
ten, aus der antiken Rhetorik entwickelten Aufsatz-
korsetts, das dazu erzog, in Geleisen zu denken und
in Phrasen zu schreiben.

«Es würde besser gehen, wenn man mehr ginge,
sagt Seume, und er hat recht.» So etwa huben sie an,
diese von einem gegebenen Satz ausgehenden, am Gegenteil zu erhärtenden, durch Beispiele zu belegenden
Musteraufsätze. Sie strotzten, wenn sie zu Xerxes' Zu-
friedenheit gelingen sollten, von langatmigen Kon-
struktionen und abstrakten Redensarten, von aufge-
botenem Stolze, nachgesuchtem Rate, erstrebtem Heile,
zu Boden geworfenem Laster, abtrünnig gemachter
Freundschaft, von tugenderfülltem Mute; und wenn
ausnahmsweise einmal der lebendigen Natur Erwäh-
nung geschehen durfte, dann in der Form der in Schul-
büchern so berühmten, in Wirklichkeit aber höchst
selten erlebten Engpässe und Waldtäler. Ja, man tat
gut daran, sich des lateinischen Übungsbuches zu be-
dienen, um es Xerxes im Deutschen recht zu machen.

Er lachte nie. Zwar fielen auch in seinem Muster-
unterricht gelegentlich Witze, unfreiwillige wenigstens. Sie ereigneten sich bei Xerxes sogar häufiger als
anderswo, weil sich jeder so verzweifelt bemühte, sich
musterhaft auszudrücken. Ein wahrer Frühlingsregen
von Stilblüten ging erquickend auf uns nieder. Etwa
wenn Beyerlein schrieb: «Die Jungfrau von Orleans
lebte und webte in den Tornistern der Freiheits-

kriege.» Oder wenn Rebel, der nicht richtig aufgepaßt hatte, folgenden Mustersatz repetierte: «Nero warf in das brennende Rom, um die Flammen noch mehr zu schüren, Pech, Schwefel, Stroh, Christen und andere leicht entzündliche Sachen.» Das war doch wohl komisch genug; wir schüttelten uns vor Lachen.

Xerxes verzog keine Miene.

«Kindisch, kindisch!» stellte er fest. «Die Klasse ist heute wieder kindisch.»

Er sah uns an, bis uns das Lachen erstarb. Eigentlich wußte man nie so recht, wen Xerxes ansah. Seine wässerig-blauen Augen schwammen beständig um die ganze Klasse herum — höchst ungemütlich und zugleich überaus einschläfernd. Nicht einmal, wenn er etwas an die Tafel schrieb, ließ er uns aus den Augen. Seine weiche, schwarz behaarte Hand schrieb wie hinter seinem Rücken und wischte auch wieder ab, ohne daß Xerxes sich nur für eine Sekunde von uns abgewendet hätte.

Da waren denn die neuesten Fliegeralarmproben eine hocherwünschte Abwechslung und Entspannung. Es sollten sich, so munkelte man in der Stadt, über den Etappenlinien, ja, sogar über dem friedlichen Heimatland, einzelne verwegene Flugzeuge gezeigt haben. Um beizeiten Vorsorge zu treffen, wurden die Straßenlaternen und Trambahnfenster blau abgedunkelt, und in den Schulen wurden Fliegeralarmproben angeordnet, in der Art der alljährlichen Feueralarmproben. Auf ein vereinbartes Klingelzeichen zogen da die Klassen unter Vorantritt der Ordinarien in wohlbedachter Ordnung in den schlecht erleuchteten Keller und machten dort im Dunkeln lustig «huhu!», was regelmäßig einige Arreste absetzte.

Xerxes unterzog sich mit seiner Klasse auch diesen Luftalarm-Übungen auf das Musterhafteste. Die Linke auf die Brust gelegt, indessen er die Rechte wie leblos hängen ließ, schritt er uns über Gänge und Treppen voran in den Keller. Seine bleichen Wangen leuchteten im Dunkel. Er gab seine Weisungen mit derselben halblauten Stimme wie im Unterricht und ließ sie uns von Mann zu Mann wiederholen. Nie hätten wir gewagt, bei ihm «huhu!» zu machen. Als Musterklasse, wie wir gekommen waren, kehrten wir nach beendetem Alarm wieder ins Klassenzimmer zurück. Auch einem Luftalarm also war Xerxes musterhaft gewachsen, so schien es. Aber so schien es nur.

Während einer Deutschstunde, als wir eben Wilhelm Tell exerzierten und Meyer aufgerufen war nachzusagen: «Tell, Mann der Tat, kühn und entschlossen, bleibt nicht bei seiner Häuslichkeit stehen», verfärbte sich Xerxes' Antlitz plötzlich ins Rote, wie wir es noch niemals gesehen, und mit einer vordem unerhörten Heftigkeit rief er: «Es zittern ja die Wände, es bebt das ganze Haus! Hört ihr es nicht?» sprang auf und stürzte in höchster Erregung aus dem Klassenzimmer. Alsbald gab es tatsächlich eine dumpfe

Detonation, und es fiel Kalk von der Zimmerdecke, was freilich nichts so Außergewöhnliches war. Aber wirklich zitterten nun die Wände, es schwankte das Haus wie unter einem Erdbeben, und die Glocke gab Fliegeralarm.

Da standen wir nun, unseres Anführers beraubt, der die Bombe im voraus gespürt und sich in Sicherheit gebracht hatte, was übrigens gar nicht nötig gewesen wäre. Die Bombe hatte sich, ohne Schaden zu tun, mit den Kartoffeln begnügt, die als kriegsgemäße Blumenzier die städtischen Anlagen schmückten. Überdies blieb jener Luftangriff der einzige, der damals unsere Stadt traf. Xerxes aber traf die Bombe tief in sein so mühsam mit Mustersätzen gestütztes, furchtsames Herz. Er wurde bald darauf vom Schuldienst abberufen.

Wir vergaßen es rasch und gern, das traurige Mannsbild. Erst nach beendetem Feldzug konnten wir ihm Gerechtigkeit widerfahren lassen. Ein Kriegsteilnehmer, der das Abitur bei uns nachholte, erzählte uns, wie er im November 1914 bei Langemarck mit Xerxes zusammengetroffen sei. Der bleiche Mann sei unter all den jungen Kriegsfreiwilligen durch seinen Ernst und sein Alter aufgefallen. Er mußte sich förmlich in die ersten Linien durchgeschmuggelt haben, zumal er gar nicht gesund gewesen sei. Er sei dann im Schützengraben verschüttet worden und habe seitdem an panischen Angstzuständen gelitten, bis man ihn zwangsweise in die Heimat entlassen hätte mit dem

Auftrag, sich seinem Lehrberuf zu widmen; auch die heranwachsende Jugend bedürfe führender Männer.

Wie hörten wir selbst noch aus diesem Bericht Xerxes' Redensweise, seine Vorliebe für volltönende Floskeln und Konjunktive. Wie bitter Unrecht aber hatten wir ihm getan! Ein leidender, ringender Mensch war er, ja, ein Held, der versuchte, sich in seiner Herzensangst ans Musterhafte zu klammern und daran festzuhalten. Ein Irrtum vielleicht, ein Irrtum in der Methode. Aber ein ehrenwerter Irrtum. Und es liegt seitdem für uns etwas von Wärme und echter Rührung in dem Satz: «Über Griechenland wölbte sich ein allzeit blauer Himmel, und an den Gestaden brandete das Meer.»

Spinni

Der in zwölf Stufen, die Monate gleichsam, hinansteigende Biologiesaal lag gegen Norden. Aber morgens in der ersten Stunde traf seine Rundbogenfenster doch bisweilen ein schräger Sonnenstrahl.

Der streifte die Ecke des Demonstrationstisches, beblinzelte das hier zur Schau gestellte Tintenfischpräparat und trollte sich wieder. Den ganzen Herbst über bekam der Sonnenstrahl nichts anderes bei uns zu sehen als das große Glas mit dem eingemachten Tintenfisch. Winters stellte die Sonne ihre Besuche bei uns ein. Als sie aber im Frühjahr wieder nachsah, wie

---

weit die Biologie bei uns gediehen sein möchte, fand
sie zu ihrem Erstaunen immer noch den Tintenfisch.

Über kein Lebewesen habe ich je soviel gehört und
so wenig behalten wie über den Tintenfisch. Ich weiß
heute nur noch, daß sein Schulp den Stubenvögeln wie
zum Zähneputzen dienlich ist. Wenngleich ich selber
schlemmkreidenartige Zahnputzmittel verabscheue
und auch keine Freude an eingesperrten Tieren habe,
schloß sich der Tintenfisch doch wenigstens mittels
seines Schulpes an unser Leben an, mit dem er sonst
so gar nichts zu tun hatte. Später begegnete ich dem
Tintenfisch noch in eßbarer Form, als frutta di mare.
Aber davon war im Unterricht nie die Rede.

Ach, welche Freude hatte uns die Naturkunde in
den ersten Klassen bereitet, unter Wimmer vor allem,
der uns sogar die Wunder der Pflanzenzellen zu
mikroskopieren lehrte. Meine alte Präparationsnadel
hat sich bis zur Stunde in der Schreibtischschublade
gehalten; zum Anstechen von Klebstofftuben oder
beim Pfeifenreinigen kommt sie mir heute noch zu-
statten.

Unter Spinni dagegen wurde die Natur zu einem
toten Lehrstoff, zu einem Präparat. «Kommt mit Buch
und Heft heraus», überlegte er, im Notenbüchlein
blätternd, und glotzte den Aufgerufenen höchst ungemütlich an, einem Tintenfisch selber nicht unähnlich.

Wir wiesen Heft und Buch vor. Denn auch die
‚Buchführung' wurde bei Spinni benotet. Ein Buch-

einser war nur möglich, wenn man die neueste Auflage vorweisen konnte. Denn es handelte sich um ein von Spinni verfaßtes Buch, um eine «Naturkunde für die bayerischen höheren Lehranstalten», das sich im Vorwort schmeichelte, «goldene Früchte reicher Erfahrung in silbernen Schalen leichtverständlicher Fassung darzubringen». Worauf es dem Verfasser dabei aber vor allem anzukommen schien, war die Charakterbildung der Schüler. Und so schärfte er ihnen, unbekümmert um irgendwelchen Zusammenhang mit dem Lehrstoff, ein: «Vergiß die teuren Toten nicht!», oder: «Welcher deutsche Knabe könnte noch Freude haben an der Nachäffung fremder Kleidermoden?» Schauderhaft, wie sich ein solcher, in Sperrdruck hervorgehobener Moralsatz am Ende eines Kapitels über den Warzenfortsatz des Schläfenbeins ausnahm. Auch ging es bei allem infolge der Kriegszeiten überbetonten Patriotismus doch zu weit, wenn Spinni im Abschnitt Mineralogie referierte: «Feinstgemahlener Quarzkies kommt auch im barbarischen Belgien vor.»

So stand man mit Buch und Heft vor dem Unbegreiflichen und mußte auch im Mündlichen auf die seltsamsten Bemerkungen gefaßt sein. Sehr möglich, daß man dazu ein dummes Gesicht machte.

«Du siehst aus wie eine ausgestopfte Seekuh», stellte Spinni dann etwa fest. «Goldener Preis im Bergwerksexamen. Goldene Uhr mit Brillanten. Jawohl.» Was sollte man von derlei Aussprüchen halten?

Dasselbe was schon die Generationen vor uns davon gehalten hatten, daß dieser Spinni nicht recht bei Troste sei. Er war nicht erst jetzt im Greisenalter wunderlich geworden, wie man hätte vermuten können. Er hieß der Spinni, seitdem er an der Anstalt zu wirken begonnen. Und das war undenkbar lange her. Spinni gehörte zum eisernen Bestand unseres Gymnasiums, ja geradezu zum steinernen, als ein Petrefakt.

Und er versteinerte immer mehr. Daß er für jede Handreichung, die in der Klasse vorfallen konnte, ein eigenes Amt, ein Officium einsetzte, bis herab zum Officium des Abortschlüssels, so daß wir schließlich allesamt zu Officianten gestempelt waren, mochte einem naturwissenschaftlichen Systematiker noch nachzusehen sein und bot auch einige Unterhaltung. Daß er aber von jedem von uns verlangte, Justus von Liebig nachzueifern, dem größten Deutschen, und dafür Goethe abzuschwören, das machte alle seine Bemühungen um unser sittliches und geistiges Wohl fragwürdig. Von Goethe behauptete Spinni nämlich, er sei im Grunde an allem deutschen Elend schuld. Er nannte ihn ein bloßes Organ, und zwar ein unexaktes. Es sei ihm zwar zufällig die Zwischenkieferentdeckung gelungen, im übrigen habe er aber fast lauter unnützes, ja verderbliches Zeug geschrieben.

«Hoho!» rief da sogar der Francé, obwohl er, wie sein bekannter Vater, der Biologie verschworen war. «Franze», drohte Spinni — er sprach jeden ausländischen Namen deutsch aus — «man wird dich hauen, bis du Öl gibst, bis du Öl gibst!»

Am schlimmsten erging es dem Goth, von dem sich Spinni eines Tages einbildete, er hätte einen Belemniten entwendet, eine jener fingerartigen Versteinerungen eines urgeschichtlichen Tintenfischrostrums. Sie sind keineswegs besonders selten oder kostbar; aber in Sachen Tintenfisch war Spinni unerbittlich.

«Goth, wo ist der Belemnit?» fragte Spinni eines Morgens, ohne alle weiteren Erklärungen. «Du Schweinpelz, komm heraus!»

«Wer, wie, was?» erkundigte sich Goth beleidigt.

«Wo ist der Belemnit?» wiederholte Spinni, seine starren Brillenaugen zum Fürchten auf Goth richtend. Und noch ein drittes Mal: «Goth, wo ist der Belemnit?»

Goth zuckte die Achseln und setzte sich.

Seitdem begann jede Spinni-Stunde das ganze Schuljahr hindurch mit der dreimaligen Frage: «Goth, wo ist der Belemnit?» Sie wurde uns so vertraut wie der vierteilige Glockenschlag vom Gymnasiumsturm, den wir noch hörten, als er in Wirklichkeit längst nicht mehr zu hören war. Und als ich den Goth zwanzig Jahre später überraschend am Bahnhof traf, war meine erste Frage: «Goth, wo ist der Belemnit?»

Und doch beschleicht mich heute ein geheimer Respekt vor Spinnis Absichten. Er wollte uns von Grund aus bilden, nicht «nur so». Es klingt mir noch in den Ohren, dieses tadelnde «nur so, nur so», wie die Welt alles betreibe, obenhin.

Spinnis strengster Verweis war: «Du Apotheker». Im Apotheker sah er den Typus des Menschen, der die Naturwissenschaft nur so und nur in soweit betreibe, als sie von praktischem Nutzen sei. Er nannte sie auch die Rührum-Chemiker, die ohne tieferes Verständnis, rein mechanisch, ihr Handwerk betrieben. Vielleicht wählte er eben deshalb den höchst unpraktischen Tintenfisch zum Demonstrationsgegenstand und die ebenso unpraktische wundersame Welwitschie, eine fleischfressende Wüstenpflanze, um uns ja nicht erst dem Irrtum anheimfallen zu lassen, daß die Schule auf das praktisch Verwertbare, das «Nur so» der Welt, gerichtet sei, sondern auf ihre Tiefe, auf ihr inneres System, aus dem sich die Nutzanwendungen dann jederzeit ableiten ließen. Solchen Gedankengängen steht man als Fünfzehnjähriger jedoch verständnislos gegenüber, zumal sie Spinni mit seinen halben Andeutungen noch unverständlicher erscheinen ließ.

Nur einmal spürte ich etwas von dem, was hinter seinen Orakeln steckte. Er zitierte mich nach der Stunde in sein vor jedem Unbefugten eifersüchtig gehütetes Laboratorium.

Dieser Umstand war allein schon merkwürdig genug. Halb neugierig, halb verlegen, nahm ich auf dem einzigen vorhandenen Stuhl neben einem menschlichen Skelett Platz, indessen Spinni zwischen Regalen mit allerlei Naturalien steif hin- und herstelzte. Hierauf machte er sich an einem Bunsenbrenner zu schaffen.

Ich sprang gefällig hinzu, um ihm den Haupthahn an der Gasleitung zu öffnen.

«Erst muß das Zündholz brennen», sagte er streng. Dann aber milder, indem er mir die Rechte auf die Schulter legte: «Du Sohn achtbarer Eltern! Du kannst ruhig 90% von Deiner Selbsteinschätzung abziehen!»

Der Prozentsatz schien mir reichlich hochgegriffen.

«Ruhig 90%», bestand Spinni hartnäckig, faßte mich noch mit der Linken, rüttelte mich und skandierte dazu die Worte: «Du Bruder eines Helden!» Er wiederholte es dreimal, wie beschwörend.

Mein Bruder war in Frankreich gefallen. Auch Spinnis einziger Sohn war gefallen. Das sollte mich aufrütteln, mich nicht so wichtig zu nehmen. Ich spürte seine Greisenhand bis in die tiefste Seele.

Ich besaß von meinem Bruder als letzten Gruß ein Geburtstagssträußchen, das er mir in einer braunen Feldpostschachtel übersandt hatte. Heute ruht es goldbortiert unter Glas wie in einem Reliquienkästchen. Wer sich ihm zuneigt, sieht inmitten des Blumen-Mementos sein eigenes Gesicht gespiegelt. Die Wildrosen haben ein wenig Farbe bewahrt, die Farbe getrockneten Blutes. Die Farne und Gräser sind ausgeblichen und wie aus Papier geschnitten. Du kannst dabei, wie Spinni es beschwor, wirklich 90% von deiner Selbsteinschätzung abziehen, du und ich und wir alle.

Zeichnen

«Seht, ihr Leut, wenn ihr nach Rußland kommt, ist alles flach!»

Das ist der einzige Satz, den ich von unserem ersten Zeichenlehrer im Ohre behalten habe. Er erzählte gerne von seinen Rußlandreisen, was uns teils verwunderte, teils langweilte. Wen kümmerte damals Rußland?

Und was kümmerten uns auch die komischen Drucke, die da an den Wänden des Zeichensaales herumhingen, Tafeln mit schwarzen Figuren auf rotem Grunde und Tafeln mit roten Figuren auf

schwarzem Grunde, lauter Götter, Helden, Fabel-
wesen — schrecklich ermüdend. Sie paßten auch gar
nicht zu dem sonstigen Inventar des Zeichensaals, zu
den Gipsköpfen, ausgestopften Vögeln, Tonkrügen,
Kürassiersäbeln und bayrischen Raupenhelmen, den
Modellen unsrer zeichnerischen Bemühung nach dem
System: schattieren, aber nicht schmieren.

Sein System war ein anderes. Er liebte nicht das
wochenlange Herumzeichnen und Herumradieren
nach Modellen; er bevorzugte die Zehnminuten-
skizze, auch die aus dem Kopf, auch die im Freien.
Begabte konnten viel bei ihm profitieren. Die Begab-
testen durften sogar in Kreide und Öl arbeiten. Die
besten Arbeiten schmückten zum immerwährenden
Triumph moderner Zeichenmethode die Vorplätze
und Gänge der Anstalt.

Ich skizzierte scheußlich und galt garnichts beim
Sehtihrleut. Und er hätte sich wohl nie träumen lassen, daß gerade sein unbegabtester Schüler im späteren Leben eine Leidenschaft für seine komischen
schwarzroten Zeichenbilder an den Wänden da ent-
wickeln würde. Es erstaunte mich dann selber. Denn
nie war im Unterricht von diesen Tafeln die Rede.
Sie hingen einfach da, sie bedeckten die Wände, sie
erhoben keinerlei Anspruch darauf, beachtet zu werden und wurden auch nicht beachtet, so schien es.
Und dennoch sind sie auf diese stille, abwartende
Weise in mich eingedrungen.

Wie muß ich dem alten Lehrer dafür dankbar sein! Es sind die griechischen Vasenbilder, mit denen er mich durch seine Tafeln anfreundete. Er hatte sie selbst gezeichnet, mit erstaunlicher Treue gegen die Originale, die sich mittels Photographie nie befriedigend abbilden lassen. Jeder Freund der Antike kennt das berühmte, in Gemeinschaft mit dem Archäologen Furtwängler entstandene Tafelwerk der griechischen Vasenmalerei, das man der Kunst eines Zeichenlehrers verdankt. Er hieß Reichhold. Auch er war unser.

Der Freund

Er hieß nicht Freund, er nannte sich nur Freund, unsern Freund nämlich. Er trat in jener Klasse, in der man zum erstenmal gesiezt wird, mit einer umfangreichen Proklamation des Wohlwollens vor uns hin, wozu sich sein Fach, das Fach Latein allerdings nicht besonders eignete. Latein ist weniger durch Wohlwollen zu erlernen, wie ich aus Erfahrung versichern kann, der ich ihm stets freundlich, aber nie sehr eifrig zugetan war, als vielmehr durch Bemühung. Bemühung wird aber bei Schülern leider nicht durch nachsichtiges Wohlwollen, sondern durch wohlwollende

Unnachgiebigkeit gefördert. Das ist eine grausame, manche pädagogische Illusion zerstörende Erkenntnis. Aber Latein ist nun einmal keine Sprache der Illusion.

Der Freund sagte, die Lehrer würden von den Schülern häufig als Feinde betrachtet. Er aber sei fest entschlossen, unser Freund zu heißen und alles Wohlwollen über uns auszugießen.

Er begann sein wohlwollendes Freundestum mit der Verlesung von zwölf Artikeln, in denen er, wie es seit Wilson in Mode gekommen war, festlegte, was er alles für uns tun würde, sofern wir das unsrige täten. Einer dieser halb im liturgischen, halb im lateinischen Übungsbuchstil abgefaßten Artikel lautete:

«Wohl mit Recht wird das Schwätzen während des Unterrichtes zu den nicht geringsten Unarten von seiten der Schüler gerechnet. Es steht aber geschrieben: du sollst nicht schwätzen! Wenn ihr aber, meine lieben jungen Freunde, dieses Gebot haltet, dann wird euer wohlwollender Lehrer wie ein Vater alles vor euch ausbreiten, was immer er sich an Interessantem und Wissenswertem in mühevollen Arbeitsstunden, wo auch immer, angeeignet hat.»

Der Freund trug dies in einem Tone vor, als sei er Rhetor auf altrömischem Markte. Bald sandte er die Blicke gefühlvoll zum Himmel empor, zu unserem schon ein wenig staubigen Schulzimmerhimmel, bald senkte er sie zur Stützung des Gedächtnisses in sein

Manuskript. Nach jedem der zwölf Artikel machte er eine kleine Verbeugung und wischte sich mit dem Zeigefinger der Linken befriedigt den Mund.

Ein wenig belustigt und ein wenig erstaunt folgten wir seinem Redefluß, nachgerade auch ein wenig schläfrig. Sonderbar, daß oft gerade die kunstvollsten Reden so müde machen. Bei Cicero erging uns das später noch öfter so. Der Freund schien sogar allmählich an seiner eigenen Deklamation einzuschlafen. Die Pausen zwischen den einzelnen Artikeln wurden immer länger. Mack rief sogar ein voreiliges «Bravo!» dazwischen, weil er nicht richtig mitgezählt hatte und die zwölf Artikel bereits beendet glaubte. Der Freund wollte sie durch die Pausen aber wohl nur tiefer auf uns wirken lassen.

Von nachhaltiger Wirkung war indes nur der Artikel, der da handelte vom aufmerksamen, freimütigen Fragen, in dem wir gehalten wurden, uns immer sogleich zu melden, wenn wir etwas, was auch immer, nicht wüßten oder verständen:

«Wenn ich etwas nicht weiß oder begreife, will ich bei meinem wohlmeinenden Freund und Lehrer um Aufklärung nachsuchen, auf daß ich es sogleich erfahre. Denn mein Freund wird mir stets Rede stehen.»

Es war fortan erstaunlich, was wir alles nicht wußten und was uns dunkel geblieben war. Wir gaben uns die erdenklichste Mühe, etwas Fragwürdiges aus-

zuknobeln und legten einen wahrhaft sokratischen
Frageeifer an den Tag. So wie einst Jank im Reli-
gionsunterricht den guten Kohler dadurch in Verlegenheit gebracht hatte, daß er sich naiv erkundigte:
«Warum heißt es denn, Herr Professor, ‚Adam erkannte sein Weib?‘ Er hat sie doch schon gekannt?»
so setzten wir nun allesamt dem Freund mit unserer
lateinischen Wißbegierde zu.

Den übrigen Artikeln widmeten wir dagegen weniger Aufmerksamkeit, obwohl wir sie auf Verlangen
unseres wohlmeinenden Freundes allesamt durch Erheben von den Plätzen angenommen hatten; denn
fern lag uns jede unnötige Kränkung.

Daher sah sich der Freund beim Herausgeben der
ersten lateinischen Schulaufgabe zu folgendem Memento veranlaßt:

«Memento, mi amice, quae a legibus provideantur!
Gedenke, mein Freund, der Bestimmungen der Ge-
setze! Gedenke doch der Artikel, gedenke doch des
Artikels 3: ‚Ich will nicht abschreiben!‘ — Dennoch
habe ich bei dieser Schularbeit Abschreiben bemerkt!»

Hier faltete der Freund sein wohlwollendes Run-
zelgesicht in die harten Brüche der Seelenqual und
widmete sich mit kleiner Rumpfbeuge vorwärts einer
stillen Gedächtnisminute. Dann, sich wieder aufrich-
tend und Hoffnung schöpfend, gab er seiner Kum-
merstimme einen Freudenstoß und rief uns verklärt
zu: «Dahingegen stehe ich nicht an, diejenigen, die

nicht abgeschrieben haben, ehrenvolle Jünglinge zu heißen!»

Wer hätte einem solchen Übermaß von Wohlwollen, einer solchen geradezu penetranten Sanftmut auf die Dauer widerstehen können! Wir paßten also künftig beim Abschreiben besser auf, damit es dem Freund nicht in die Augen steche und er nicht irre würde an uns ehrenvollen Jünglingen, schwätzten auch nur ganz leise, so daß er es bei seiner Schwerhörigkeit gar nicht bemerkte, fragten auch nur noch mit Maß und Ziel, spielten im Mündlichen immer geschickt unsere besten Lateiner aus und wiegten ihn so im festen Glauben von der erzieherischen Allmacht des Wohlwollens. Und unversehens schlich darüber wirklich etwas von ihrer Liebeskraft in unsere Schülerherzen und machte uns zu gefügigen und ganz passablen Lateinern.

Bis zum Abitur, vier Jahre lang, ließ sich der Freund uns ehrenvolle Jünglinge nicht mehr aus der Hand nehmen. Er würdigte uns seiner Lieblingslektüre, Ciceros Abhandlung über das Greisenalter, die allerdings große Anforderungen an unser Wohlverhalten stellte, denn wir fanden sie schrecklich langweilig, und trieb zur Belohnung mit uns moderne lateinische Konversation, so etwa: «Visne concreta sint an fluida ova? — Wünschen Sie harte oder weiche Eier? Certis de causis hodie malo piscem frictum aceto perfusum! — Aus gewissen Gründen ziehe ich heute einen Bismarckhering vor!» Schließlich las er uns sogar Perlen deutscher Lyrik vor, ins Lateinische nach horazischen Metren übertragen von ihm, dem Studienrat und Freunde.

So daß auch von ihm, dem Wohlwollenden, schließlich das große versöhnende Wort gelten durfte: Und du hast doch gesiegt!

Der Pianoforte

«Das ist die Zeit», trällerte es in melodischen Ter-
zen alle Viertelstunden vom Gymnasiumsturm, «das
ist die Zeit, das ist die Zeit.»

Vom Ungererbad bis zum Großen Wirt, vom
Bamberger Haus bis zum Biedersteinerpark regierte
der Glockenschlag unserer Schule. Er spornte uns
morgens zur Eile und sprach uns mittags frei mit
fröhlichem Gebimmel; auch die Hausfrauen richteten sich nach ihm, die Angestellten, die ins Büro
gingen, die Kaufleute in ihren Läden; sogar drunten
am Trambahnhäuschen zogen die Kontrolleure ihre

Chronometer aus der Tasche und verglichen ihre Zeit mit der unsern.

«Woher so spät?» kontrollierte auch der Pianoforte in der ersten Stunde die Nachzügler und wies ihnen die Uhr. «Das ist die Zeit, das ist die Zeit!»

«Entschuldigen, Herr Professor . . .», erklärte der Weber; er war meistens unter denen, die zu spät kamen, denn er hatte nicht weit zur Schule.

«Ich verzichte auf schöne Worte!» schnitt der Professor alle Erklärungen von vornherein ab und ließ den Zwicker am Schnürchen um den Zeigefinger wirbeln. «Wenn einer ein Morgenschläfer ist, dann ist einer ein Morgenschläfer, ausgenommen, man weckt ihn auf.»

«Entschuldigen, Herr Professor», verteidigte sich Weber hartnäckig, «ich bin herzkrank.»

«So, herzkrank sind Sie? Ich möcht wissen wo!» Allgemeine Heiterkeit.

In unserer ganzen Schulzeit wurde nirgends soviel gelacht wie beim Pianoforte, ganz gegen seine Absicht allerdings. Er meinte es immer so richtig und brachte es meistens so schief heraus. Je ernster er uns ins Gewissen reden wollte, desto mehr entgleiste er, und desto unbändiger wurde unser Vergnügen.

«Meine Herrn», mit dieser Antritts-Erklärung hatte Pianoforte schlagartig seinen Ruhm begründet, «meine Herrn, merken Sie sich von vornherein eines: Sie dürfen nicht reden, wenn ich red', nur dann dürfen

Sie reden, wenn ich nicht red', und auch da ist es nicht erlaubt!»

Er steigerte die Wirkung solcher Aussprüche noch dadurch, daß er sie im Flüsterton ansetzte, im fortissimo durchführte und ebenso unvermittelt im pianissimo enden ließ. Diese akustischen Wechselbäder machten gewaltigen Effekt, zumal sich der Pianoforte dabei selber klein und groß machte, sich wie ein Dirigent duckte, anpirschte, aufreckte, über uns herfiel und sanftmütig bettelnd wieder Abstand nahm.

In dieser melodramatischen Weise erteilte uns der Pianoforte drei Jahre lang englischen Unterricht. Daher mag es rühren, daß ich bis zum heutigen Tage mit meinem Englisch nichts als Heiterkeit erziele. Selbst wenn ich so düstere Gedichte wie den berühmten Raben von Poe oder Wildes Zuchthausballade rezitierte, oder auch nur, wenn ich an Hand eines unvergeßlichen Übungssatzes die schlichte Hoffnung zum Ausdruck bringe, daß der Gastfreund eine gute Nacht unter meines Vaters Dach verbracht haben möge, schreien meine Kinder vor Vergnügen über die Aussprache. Sie wissen es besser, genau wie der Manfred Curry alles besser wußte als der Pianoforte, der nur einmal kurz in London gewesen war, dort ein Bier mit einem dash of sugar-water getrunken und sonst alles aus Büchern gelernt hatte. Curry dagegen wußte alles von zuhause, ebenso wie Tétaz im Französischen; sie waren beneidenswert zweisprachig aufgewachsen, konnten auf Bücher pfeifen und den Lehrern am Zeuge flicken.

«Herrgott in deinem Reich!» wetterte der Pianoforte und fuhr schmeichelnd fort, er sei schließlich auch nicht auf dem Narrenseil dahergeschwommen.

«Gewiß nicht», lächelte Curry verbindlich, «aber man sagt doch wohl besser folgendermaßen, Herr Professor ...»

«Man sagt doch wohl besser gar nichts, wenn man etwas zu sagen hat», unterbrach Pianoforte. «Sie mit ihrem ewigen blöden Herrn Professor! Ich bin geschlagen genug, daß ich Lehrer bin. Ruhe, Sie drei da vorn! Stellens gefälligst ihren Dialog ein!» (piano:) «Ich kann nicht beständig auf zwei Atmosphären Bedacht nehmen. (forte:) Schauens, Sie müssen sich Wörter merken. Das ist wie in der Musik die Skalen. (piano:) Wer musikalisch sein will, der muß Skalen üben. Nicht wahr, Heimeran? (fortissimo:) Üben Sie Skalen oder üben Sie nicht?»

«Offengestanden nicht, Herr Professor. Leider.»

«Ich verzichte auf Ihre Geständnisse. Dann sind Sie eben nicht musikalisch.»

«Das hab ich auch nicht behauptet.»

«In Dreiteufelsnamen, Sie spielen aber doch Geige? Wie lange spielen Sie denn Geige?»

«Acht Jahre.»

«Und da will mir dieser Gentleman von der Ferse bis zur Zeh weismachen, daß er nicht musikalisch ist?

75

(pianissimo:) Schauens, wenn Sie acht Jahre musizieren, dann sind Sie doch musikalisch! (fortissimo:) Das ist eine conditio sine qua non — wissens, was das ist? Na also!»

«Ich kenne aber Leute, Herr Professor, die musizieren, sogar öffentlich und sind doch nicht eigentlich musikalisch. Der Duci de Kerejarto zum Beispiel . . .»

»Jawohl!« unterstützte mich Tétaz. »Die Leute sind begeistert von ihm. Dabei ist er stockunmusikalisch. Keine Ahnung. Ein Schwein, ein Musikschwein.»

«Schauens mich gefälligst nicht in so vorwurfsvollem Ton an!» verbat sich Pianoforte. «Der kann auf meine Gunst besonders rechnen, der meint, ich mach seinen Claqueur! Das ist eine Defloration meines Unterrichtes. (pianissimo:) Ich weiß selber, daß es unbegabte Talente gibt. (forte:) Sind Sie vielleicht auch musikalisch?»

«Kann ich nicht beurteilen», antwortete Tétaz, «ich spiele Klavier.»

«Herrgott, is der dös was! Das ist doch Hose wie Hinze, will sagen Kunze. Schluß jetzt! Ach, es ist ein solches Kreuz mit uns Lehrern!»

Und während sich die Klasse nur mühsam beruhigen konnte und einige die goldenen Worte notierten, zog sich Pianoforte grollend hinter seinen Zwicker zurück, um im Pensum fortzufahren.

Es war ja eigentlich nicht schön von uns, einen Freund der Musik derart in den Harnisch zu bringen.

Denn der Musik wurde im Unterricht sonst nur selten gedacht, gerade so, als gälte sie nicht für voll. Und sie ist es doch gerade, «die die Herzen erfrischet, die Tränen abwischet, wenn sonst nichts hilflich will sein», wie es an einer alten Orgel heißt. Vielleicht war die Musik auch Pianofortes einzige Zuflucht in den Drangsalen seines Berufes. Er sah immer so traurig aus, indessen wir schier barsten vor Gelächter, wie denn die, die lachen machen, das Leid der Welt oft am tiefsten verspüren. Aber auch wenn man dies ahnte und achtete, konnte man denn ernst bleiben, wenn Pianoforte versicherte, er sei das vierte Rad am Wagen, und wenn wir ihm den Fehdehandschuh hinwürfen, würde er ihn herschmeißen?

Jahraus, jahrein trug er denselben hellgrauen Anzug, der an den abgeschabten Stellen mit schwarzen Passepoils eingefaßt war, mit einem Trauerrand gleichsam. Er gab sich die größte Mühe, uns etwas beizubringen; «denn bringt man euch nichts bei, dann könnt ihr nichts», wie er wiederholt versicherte. Insbesondere hinter dem englischen th war er her, damit wir es nicht wie ein ß sprächen; auch diejenigen, die sich mit einem bloßen t durchschmuggeln wollten, verfolgte er unerbittlich, bis sie ein ordnungsgemäßes tieitsch hervorbrachten. Aber es kommt im Englischen nicht nur auf dieses verzwickte th an, leider; es muß da noch andere Ausspracheprobleme geben, die ebenso verwickelt sind, auf die wir aber unser Augenmerk nicht so richteten, als es wünschenswert gewesen wäre, mochte das nun am Unterricht liegen oder an uns, die wir uns, um mit Pianoforte zu sprechen, mit hörenden Augen taub stellten. Das ist nicht einmal nur zum Lachen, das gibt es wirklich, daß man nicht hört, was man doch deutlich einsieht, so wie es gewisse Musiker gibt, die als Tänzer erstaunlicherweise keinen Takt halten können, oder solche, die alle rechnerischen Finessen des Kontrapunkts beherrschen, aber keinen Schimmer von Mathematik haben. So simpel ist es nicht bestellt mit musikalisch hier, musikalisch dort, mit Gehör und Rhythmus. Man kann offenbar für Sprachen sehr wohl taub und für Musik sehr wohl empfänglich sein, und man ist dann wirklich geschlagen, wie Pianoforte seufzte, daß man Lehrer ist.

Er hatte daher umso mehr Sorge, daß er sich als Klaßleiter unseretwegen vom Rektorat nicht ins Benehmen setzen lassen müßte; sollte heißen, daß ihn unser Benehmen beim Rektorat nicht in Unannehmlichkeiten brächte. Gerade ihm widerfuhr dieses gefürchtete Mißgeschick.

Eines Samstags in der letzten Stunde wurde die Tür aufgerissen, ehe es noch recht geklopft hatte. Der Rex schoß ins Klassenzimmer. Wir sprangen auf.

Der Herr Rektor war ein gemütlich aussehender, aber äußerst energischer Herr, der seine Dikta ohne abzusetzen wie in einem Atemzuge hervorsprudelte.

Berühmt waren Sätze wie die: «Die Rechenkunst ist eine göttliche Kunst und keine Hexenkunst», oder das atemtechnisch noch weit schwierigere: «Den Verkehr mit Mädchen aus guten Häusern kann ich nur empfehlen, nicht aber das Herumziehen mit Weibern auf der Straße.»

Der Rex stieß hervor: «Wer hat da wieder die Demarkationslinie übertreten und hinten im Hof geraucht? Schweinerei! Er soll sich melden!»

Das Delikt bedarf der näheren Erklärung:

Unser Real- war mit dem humanistischen Max-Gymnasium hufeisenförmig zusammengebaut, ein schönes Symbol erzieherischer Eintracht. Der Hof diente beiden Anstalten gemeinsam, doch trennte eine gedachte Linie den humanistischen vom gleichgroßen realen Teil ab. Das erschien uns insofern ungerecht, als wir die größere Anstalt waren; auf unserer Seite herrschte während der Pause Gedränge, während sich auf der anderen Seite die Humanisten aufreizend gelassen ergingen.

Es wäre daher wahrscheinlich klüger gewesen, eine Mischung der beiden Geistesgeschlechter zuzulassen. Wandelten doch auch die Religionslehrer beider Konfessionen einträchtiglich zusammen, und wer den einen anflegelte, bekam es mit dem anderen zu tun. Waren doch auch manche unserer Realgymnasiumslehrer ins humanistische Gymnasium hinübergewech-

selt, wie unser Hans Poeschel, den wir in der ersten
Klasse als Ordinarius gehabt und den wir gerne noch
grüßten, als er uns längst nichts mehr zu sagen hatte.
Und auch unter den Schülern hätte es sicher nie andere Streitigkeiten gegeben als die üblichen, so wenig
demarkiert fühlten sie sich innerlich. Wie mancher
Humanist von drüben entschloß sich nach dem Abitur denn auch für die Technische Hochschule, und wie
mancher unserer Realgymnasiasten studierte schließlich Altphilologie, Fritz Zahn zum Beispiel.

Aber da war nun von der Sprunggrube über den
Brunnen bis zur zwillingssäugenden Lupa über dem
Hoftor diese Demarkationslinie, diese künstliche, un-
sichtbare und auch nicht einzusehende Grenze, und
sie reizte natürlich. Philosophische Gemüter reizte
sie lediglich zu satirischen Überlegungen, wie man
etwa die gedachte Linie am Brunnen zu respektieren
hätte, der in der Mitte des Hofes stand und also
geteilt zu denken war. Ein am Schaft des Brunnen-
rohres umlaufendes Bronzeband kündete: «nulla
salus sine aqua» — «Kein Heil ohne Wasser»; das
Heil gehörte demnach den Humanisten, das Wasser
uns. Das Wasser aber im Brunnenbecken: wo war da
die gedachte Linie? Oder wie sollte man es anstellen,
kein humanistisches Wässerchen zu trüben?

Aktivere Naturen ließen es sich an derlei satirischen Spitzfindigkeiten indessen nicht genügen, sondern setzten ihren Protest in die Tat um und über-

schritten die Grenze — nicht weil es drüben schöner gewesen wäre (es war im Gegenteil drüben im Humanistischen oft noch unangenehm kühl, während wir schon reale Sonne genossen), sondern einfach, weil man es uns verbot. Manche lockte auch eine gewisse Ecke, wo man unbeobachtet rauchen konnte.

Nun waren wir aber doch beobachtet worden, und der Rex stand zürnend vor uns und verlangte, daß sich die Schuldigen meldeten.

Ich konnte mich zwar nicht entsinnen, in letzter Zeit drüben geraucht zu haben, zumal die Marke ‚Masuren Gold‘, die mein Vater im großen einzukaufen und ins Feld zu schicken pflegte, mitsamt dem Feldzug zu Ende war. Aber daß ich der Demarkation nicht achtete und wandelte, wo es mir einfiel, das mochte stimmen. Also meldete ich mich, zumal ich in der ersten Bank saß und den Rex unmittelbar vor mir hatte.

«Wie heißen Sie?» forschte der Rex. «Keiner sonst?»

Offenbar keiner.

«Dann, Herr Kollege, behalten Sie die Klasse nach der Stunde solange da, bis es den Herren eingefallen ist, wer noch dabei war. Sie aber können nach Hause gehen, Heimeran, gratuliere! Sie sind das einzige Mannsbild hier. Wiedersehn!» Bum, draußen war er.

«Bum», machte auch Pianoforte, «bum. Jetzt haben wir die Bescherung! Jetzt können wir heut am Samstag

alle miteinander nachsitzen, der Heimeran ausge-
nommen. Ja, Heiland in deinem Reich, was haben
Sie sich eigentlich gedacht, daß Sie aufgestanden sind,
Sie schamloser Mensch? Sie haben mir da ein schönes
Kind eingebrockt, und ich soll das Bad jetzt aus-
löffeln!»

«Wieso ausgerechnet ich? Andere waren doch auch
dabei!» protestierte ich.

«Weil Sie sich gemeldet haben! Die andern haben
sich wenigstens geschämt und sind sitzen geblieben.
Sie haben uns alle blamiert, verstehn Sie denn nicht?»

«Nein. Ich habe nur gesagt, daß ich dabei war. Ich
habe weiter nichts gesagt als die Wahrheit.»

«Die Wahrheit, die Wahrheit! Schöne Wahrheit
das! Vorn hinaus sagt sie ja, und hinten sticht sie mit
scharfer Zunge. Wenn Sie's immer noch nicht begreifen, dann will ichs Ihnen privatissime erklären. Kommen Sie heute nachmittag in meine Wohnung, dann
will ich Ihnen die Flötentöne schon beibiegen.»

«Um wieviel Uhr?» erkundigte ich mich miß-
trauisch. Das sah ja beinahe nach einem Privatarrest
aus. Da nennt einen erst der Rex das einzige Mannsbild, und dann sperrt einen der Pianoforte womöglich
dafür ein.

«Kommen Sie zum Tee!» sagte Pianoforte.

«Zum Tee?»

«Ja, ja, zum Tee, um fünf. Five o'clock tea. Soviel
könnten Sie jetzt schon gelernt haben! Und jetzt stö-

ren Sie uns nicht länger, Sie Unglücksschwalbe Sie!»

Der Pianoforte wohnte draußen an der Schleiß-
heimer Landstraße in einem Eckhause, dem noch
keine Flügel gewachsen waren. Seit Jahren stand es
mit kahlen Flanken, frühzeitig gealtert, zwischen un-
bebauten, von Drahtmatratzen und sonstigem Ge-
rümpel bedeckten Grundstücken. Auch der nach dem
Schwabinger Krankenhaus zu aufgemalte Reklame-
elefant war verschossen und der Verputz gerade an
der Stelle des Rüssels abgeblättert, wo er den Gum-
mireifen hätte balancieren sollen, der nun unmoti-
viert im Leeren schwebte.

Das Elefantenhaus war mir dadurch geläufig, daß
wir Pfadfinder gelegentlich uns hier sammelten und
die gußeisernen Staketen des Vorgartens als Garde-
robehaken für unsere Rucksäcke benützten, bis wir
endgültig abmarschierten. Noch nie hatte ich jemanden in das Haus hineingehen oder aus ihm heraus-
kommen sehen, obwohl die auf den Küchenbalkonen
flatternde bunte Wäsche lebhaftes häusliches Leben
verriet. Kinder gab es jedenfalls keine in diesem
Hause, dagegen offenbar mehrere Junggesellen wie
Pianoforte.

Nach der ganzen Umgebung konnte ich mir etwa
vorstellen, wie trostlos und schludderig es auch bei
ihm in der Wohnung aussehen mochte. Ich suchte
vergeblich an der Haustüre nach Namensschildern. So
mußte ich denn von Wohnung zu Wohnung gehen

und die Täfelchen und Visitenkarten studieren. Im Parterre hatte es mittags offenbar Stockfisch mit Zwiebeln gegeben. Der Geruch begleitete mich bis zum zweiten Stock, wo ich endlich Pianofortes Wohnung herausfand. Er wohnte in Untermiete; dreimal schellen. Drinnen übte jemand Klarinette, von unten herauf vernahm man Geige und Klavier, ja sogar Harfe, wenn ich nicht irre. Da in vielen Mietswohnungen Musikausübung nicht geduldet wird, schien sich hier im alleinstehenden Elefantenhause ein halbes Orchester angesiedelt zu haben.

Nachdem ich geziemend, aber vergeblich gewartet hatte, daß man mir öffne, schellte ich von neuem und etwas nachdrücklicher. Ein ältliches weibliches Wesen, von dem ich nicht recht wußte, ob ich es als gnädige Frau, als gnädiges Fräulein oder überhaupt nicht als gnädig ansprechen sollte, öffnete mir. Ich nannte daher schlicht meinen Namen und fragte nach dem Herrn Professor.

«Sie sind erwartet», sagte die Undefinierbare mit so auffallend melodischer Stimme, daß ich sie sogleich für gnädig ansah.

Sie lotste mich zwischen Kleiderschränken mit Eingemachtem, einer Wäschemange und einem Fahrrad durch den Gang in ein Erkerzimmer, in dem mich Pianoforte in Empfang nahm. Wahrhaftig in Empfang; er schüttelte mich, beide Hände ergreifend, wie man einen Teppich ausschüttelt, drückte mich

hierauf in ein tiefeingesessenes Biedermeiersofa und
forderte mich auf zu tun, als ob ich zu Gast wäre.
Sollte natürlich heißen zuhause. Und zuhause hatte
ich ausdrücklich gelernt, daß junge Menschen niemals
in Sofas Platz nehmen dürfen. Indessen hatte ich ihn
ja nicht eigentlich genommen, war vielmehr von ihm
genommen worden, tief und keineswegs beneidenswert bequem. Doch gefielen mir die weißen Ziernägel
des grünen Bezuges, das lebendige Kirschbaumholz
der anmutig geschwungenen Lehne, das Möbel an
sich, und überhaupt Pianofortes gesamtes Mobiliar.
Wünschte ich mir doch selber daheim nichts sehn-
licher als einen solchen Klappsekretär, solche Stühle
mit einer Lyra als Lehne, solche Schränke mit Mes-
singbeschlägen und allegorischen Emblemen, eine Eck-
vitrine wie diese, mit allerliebsten Kinkerlitzchen aus
Glas und Porzellan angefüllt, und so eine richtig-
gehende, richtigschlagende Barockstanduhr mit Sonne, Mond und Sternen. Ach, ich konnte mein er-
stauntes Entzücken an diesen Herrlichkeiten nicht
ganz unterdrücken, obwohl ich das nach den Regeln
des Anstandes ebenfalls nicht hätte tun dürfen.

Pianoforte nahm meine Verwunderung nicht un-
gnädig auf; an einem Tage sei das freilich auch nicht
vom Himmel gefallen, und daran sei vor allem seine
Schwester schuld. Sie würde jetzt gleich den Tee
hereinbringen, denn es hätte um fünf Uhr bereits
viertel geschlagen, und da hätten wir noch etwas Zeit,

unsere Kontroverse fortzusetzen, in Dreiteufelsnamen.

Ich war von vornherein bereit, alles einzusehen, so sehr bezauberte mich Pianofortes Heim. Eigentlich störte darin nur das Pianoforte selbst, ein schwarzer Kasten; er fiel ganz und gar aus dem Rahmen. Aber Klaviere sind einmal so, sie schlagen jedem antiken Rahmen ins Gesicht, wie Pianoforte selber versicherte; aber wenn man sie nicht ansähe, dann sähe man sie gar nicht.

«Schauens, mit Ihrer Wahrheit da heut im Unterricht», fuhr er fort, «die ist wie ein Klavier: es kommt darauf an, wie man sie spielt. Wenn man einfach so darauf loshackt wie Sie, das tut weh. Sie hätten ruhig ein wenig warten können mit Ihrer Meldung, in Dreiteufelsnamen, ich hätt' Ihnen den Einsatz schon noch gegeben. Sie sind doch musikalisch, Sie wissen doch, daß man warten muß, bis alle beisammen sind. Greifens doch einmal aufrichtig an Ihren Kopf, dann werden Sie gleich spüren, wo mich der Schuh drückt. Man bumfiedelt doch nicht einfach fortissimo drauf los wie ein Schuhputzer!»

«Ich sitze halt in der ersten Bank, Herr Professor», entschuldigte ich mich. «Da konnte ich die Lage nicht recht übersehen.»

«Wenn Sie in der ersten Geige sitzen, müssen Sie erst recht die Ohren spitzen, Herrgott in deinem Reich, ist der dös was! Aber ich wills ja gelten lassen, wenn Sies nur einsehen. Schauens, man muß mit der

Wahrheit vorsichtig umgehen. Das sieht grad so aus, als ob es nach nichts aussähe, aber wenn sich da jeder auf eigene Faust hervortun will damit, dann gibts eine Kakophonie, keine Symphonie. Habens mich jetzt verstanden, Sie Primarius Sie?»

Es war nicht leicht zu verstehen. Zugegeben: es liegt ein gewisser Hochmut darin, seine Fehler frei herauszusagen. Denn wer sich seiner Fehler so wenig schämt, daß er sie ohne zu zögern laut zugibt, scheint wenig Neigung zu verraten, sie zu bereuen und zu bessern. Andrerseits ist Selbsterkenntnis doch der erste Schritt zur Besserung und Offenheit vielleicht der zweite; denn wenn Bescheidenheit und Demut auch Tugenden sind, so ist doch Wahrheit das große Ziel, und wie wäre es erlaubt, die Wahrheit aus Scham zu verleugnen? Freilich, was ist Wahrheit? Da hatte der Pianoforte wieder recht.

Die Schwester brachte den Tee. Selbst dem Tee, dem ich mich sonst hochmütig überhob, gewann ich unter Pianofortes musikalischer Leitung Geschmack ab. In den zierlichen Täßchen auf spiegelndem Lacktablett schlürfte er sich wie ein Menuett. Es stellte sich heraus, daß auch Pianofortes Schwester der Musik ergeben war, ja, daß alle die Ahnen an den Wänden in ihren ovalen Goldrahmen der sanft bezwingenden Wahrheit der Musik zugetan gewesen. Sie hielten Notenblätter in den Händen, wie zu Marschallstäben gerollt; einer der Ahnherren trug sogar einen Lorbeerkranz. Auch Pianoforte hatte sich, wie er andeutete, ursprünglich dem angestammten Musikerberuf widmen wollen. «Die meisten Musiker», sagte er, «haben in ihrer Jugend gelernt, wie trockenes Brot schmeckt, wenn man nicht einmal das hat. Ich auch.» Er seufzte. Es war der Seufzer seines Lebens, daß er sich des Broterwerbs halber dem Lehrerberufe hatte widmen müssen.

Er klingelte mit dem Löffel an der Teetasse, als wolle er dieses Seufzerkonzert abklopfen. «Was geigen Sie eigentlich?» erkundigte er sich.

«Alles!» sagte ich. In der Jugend versucht man sich ja an allem.

«Alles ist eigentlich gar nichts», mahnte Pianoforte.

«Zur Zeit hauptsächlich Brahms», schränkte ich ein.

Pianoforte runzelte die Stirn. «Aha, Brahms. Ein Brahmsianer. Das ist des Pudels Lösung. Da braucht man natürlich keine Skalen zu üben, da schwelgt man so drauf los. Sie sollten Bach spielen, mein Herr. Das ist das A und B der Musik, da heißt es Farbe bekennen.»

«Aber Eduard», verwies die Schwester, «Du mußt doch die Freude gelten lassen. Musik muß doch vor allem Freude sein, keine Schularbeit. Nur wer diese Freude erlebt, weiß, wo Gott wohnt.»

«Meine Schwester hat nämlich selber viel Brahms gesungen», sagte Pianoforte. «Ich sage ja nichts gegen

Brahms, in Dreiteufelsnamen. Ich meine die Brahmsianer, die Gefühlsschluderianer, die keinen sauberen Lauf beherrschen und nur so dahinrauschen.»

So ganz unrecht hatte er nicht. Ich fühlte mich betroffen.

«Ich spiele aber auch gerne Bach», suchte ich mich reinzuwaschen.

«Die Chaconne vielleicht?»

«Nein, daran hab ich nur herumgestopselt.»

«Bravo! Sehen Sie, jetzt war die Wahrheit am Platze!»

«Am liebsten das Doppelkonzert», erzählte ich, «wenn ich einen Partner finde.»

Pianoforte neigte sich geheimnisvoll zu mir herüber und flüsterte: «Wollen Sie das Doppelkonzert vielleicht mit mir spielen?» Und fortissimo: «Schwester, er spielt am liebsten das Doppelkonzert! Das Doppelkonzert, hast Du gehört?»

«Dann spielen wirs doch gleich», nickte die Schwester, «warum denn nicht? — Wissen Sie, damit haben Sie bei meinem Bruder einen gewaltigen Stein im Brett. Es ist sein Leib- und Magenkonzert.»

«Ob ich es aber dafür gut genug kann? Und dann müßte ich doch erst meine Geige holen.»

«Wäre Ihnen vielleicht mit einer von denen gedient?» bot Pianoforte an und öffnete den großen Schrank mit der getriebenen Allegorie der irdischen und der himmlischen Liebe oder was diese Damen sonst vorstellen mochten. Innen jedenfalls barg das schöne Stück den überirdischen Anblick eines halben Dutzends von Geigen, an Silberdrähten aufgereiht — eine erlesene Gesellschaft.

«Nehmen Sie die», überlegte Pianoforte und reichte mir ein warmbraunes, gewölbtes Instrument. «Die ist gut für Bach. Nicht so einschmeichelnd wie die Franzosen und Italiener, aber kernig im Ton, eine Wiener Bartl, Sie wissen doch. Keine Saubartl, wohlgemerkt, eine aus der guten alten Zeit, als noch kein Brahms in Wien spukte. Der dürfen Sie sich ruhig anvertrauen. Ich bleibe bei meiner Klotz, wenn Sie erlauben.»

Schon im Eifer der Vorbereitungen mit den Instrumenten, den Noten, dem Doppelpult verjüngte sich Pianoforte förmlich, indessen ich in meiner erstaunten Bewunderung das Gefühl hatte, so zu reifen, daß der Altersunterschied und der bisher noch immer empfundene Unterschied zwischen Lehrer und Schüler hinwegschmolz. Es blieb jetzt nur noch der Unterschied zwischen erster und zweiter Geige bestehen, und auch dieser war bei Bachs Doppelkonzert, das beiden Stimmen die gleichen Aufgaben stellt, bedeutungslos. Wir komplimentierten also — Herrgott in deinem Reich! — hin und her, wer die erste Geige nehmen sollte, wer die zweite, bis die Schwester am Klavier uns die Stimmen aus der Hand nahm, sie hinter dem Rücken verbarg und uns losen ließ.

Mich traf die zweite Geige, wie es sich anstandshalber gebührte; andrerseits hatte ich gerade die zweite Stimme nicht geübt, deren Soli, soviel ich mich erinnerte, gleich im ersten Satz schlecht lagen. Ich blätterte nach. Richtig: gleich nach D kam so eine lästige Stelle, die man in der zweiten Lage nehmen mußte, in der ich nie recht zuhause war. Mir wurde etwas bänglich zumute. Ich wies darauf hin, daß ich gerade den zweiten Part nie gespielt hätte, auch mache mir die zwar zweifellos herrliche, aber doch ungewohnte Bartl sicher zu schaffen. Auch das gnädige Fräulein am Klavier meldete an, daß sie den Orchesterpart nur andeuten könne; wir müßten selbstverständlich die Tutti mitspielen; sie sei ja eigentlich Sängerin, nicht Pianistin, und was derlei Vorentschuldigungen mehr waren.

Nur Pianoforte sagte gar nichts mehr, was den kundigen, seiner Sache sicheren Musiker beweist, setzte den altmodischen schwarzgerandeten Zwicker auf, stimmte laut und ausführlich, nahm Haltung an und zählte vorsorglich und fürs erstemal einen Takt voraus.

Der bewegte Forte-Einsatz erleichterte mir das Anfangen; man hat da gar keine Zeit mehr, ängstlich zu sein. Ich konnte daher dem folgenden Einsatz Pianofortes genügende Aufmerksamkeit widmen.

Man ist ja bei einem ersten musikalischen Zusammentreffen immer sehr begierig zu erfahren, wie der

Partner spielt und welchen Rang man ihm zubilligen muß. Welchen Rang hatte diese erste Geige? Den Rang treuester Bemühung auf jeden Fall. Pianoforte brachte jeden Ton streng rhythmisch und ziemlich rein. Technisch war er mir, jedenfalls was dieses Konzert anbetraf, zweifellos über. Meine Stelle bei D beispielsweise ließ sehr zu wünschen übrig, während die seine tadellos herauskam. Nun ja, er hatte sie geübt, und zumal wenn man beständig Skalen übt, dann muß so ein Konzert schließlich sitzen; mit Brahms verglichen, war es ja geradezu kinderleicht. Und doch fehlte mir etwas an Pianofortes Vortrag, ein Etwas, von dem ich mir natürlich einbildete, daß ich es besäße: Seele, Innerlichkeit. Vielleicht sagt man auch nur Innerlichkeit, weil das edler klingt, und meint eigentlich Sinnlichkeit, einen Vortrag also, der einem warm macht.

Beim zweiten Satz wurde das noch deutlicher. Zwar bildete ich mir nicht ein, den großen Atemzug zu besitzen, der zu diesem herrlichen Satz gehört, den Atemzug des Bogens nämlich, aber es gelangen mir doch wenigstens hie und da warme, leuchtende Passagen, so daß die Schwester am Klavier den Kopf wandte und mir beifällig zunickte. Sie besaß diese Wärme, die ich suchte und bei Pianoforte vermißte, selber in hohem Maße, so daß es mir manchmal erschien, als duettierte ich mehr mit ihr, als mit der ersten Geige, die da so korrekt ihren Part strich, ja, mitunter sogar kratzte. Dafür glänzte sie wieder im Schlußsatz, in dem ich mehrmals wacker daneben griff. Alles in allem konnten wir uns zum guten Ende einbilden, Bach in Treuen gedient zu haben. Jeder von uns hatte das Werk auf seine Weise bewältigt und dabei doch dem Ganzen Genüge getan. Wir hatten einander nichts vorzuwerfen; jeder konnte sich dabei insgeheim irgendeiner kleinen Überlegenheit schmeicheln; und so beseligte uns das wohlige Bewußtsein gemeinsam genossener musikalischer Freuden. Nur wer die Musik in der Freude erlebt, sagte die Schwester, weiß, wo Gott wohnt.

Pianoforte nahm feierlich Geige und Bogen in die Linke und legte mir die Rechte auf die Schulter.

«Wenn ich nicht Ihr Lehrer wäre, in Dreiteufelsnamen», er runzelte die Nase und ließ den Zwicker am Schnürchen herabgleiten, «und wenn ich nicht so alt wäre, als ich gar nicht bin, würde ich Sie jetzt meinen Freund nennen. Betrachten Sie sich jedoch als musikalisch geduzt!»

O denkwürdiger Augenblick! Pianoforte sah mich offenbar hinfort auch im Englischen als geduzt an und gab mir die wohlwollendsten Zensuren, auch wo ich sie in Wahrheit nicht verdient hätte. Ich hinwiederum sah ihn nur noch im Glanze seiner Geigen und seiner warmen Liebe zur Musik, obwohl in seinem Spiel von dieser Wärme in Wahrheit wenig zu spüren war. — Aber was ist Wahrheit?

Zizi

Unser Realgymnasium bestand zu jener Zeit bereits fünfzig Jahre und hieß daher das alte, obwohl es einen Neubau innehatte. Er wurde mit unserem Jahrgang eingeweiht, so daß wir gewissermaßen gleichaltrig sind; das bindet. Wie betrübt räumten wir ihn während des Krieges den Soldaten, die das in Mosaik ausgelegte «Salve» mit Maschinengewehren verkratzten und das Parkett der Turnhalle und alle Türen und Wände versudelten; wie froh kehrten wir nach dem Kriege wieder in die angestammten hellen Gänge zurück, in denen einst die Ölbilder der

Kurfürsten und Könige gelassen auf uns herabge-
blickt. Jetzt waren sie zwar aus der Anstalt entfernt,
gleich der Krone aus dem Anstaltstempel; auch die
Frau Pedell hielt noch keine Brezel feil, von Ko-
kosnußschokolade ganz zu schweigen, und es haperte
noch da und dort mit der Einrichtung und den Lehr-
mitteln.

Nur der Zizi hatte sein physikalisches Laboratorium
schon wieder auf der Höhe. Wenn man nachts am
Gymnasium vorbeikam, und es schlief der Turm im
Monde, und es ruhten unter dem langhingeschwunge-
nen Dach die efeuumsponnenen Fenster, und auch die
Standbilder der Weisen an den Gesimsen ruhten aus
und selbst die Sandsteinlöwen am Portal, dann war
an der Nordwestecke im Erdgeschoß im Physiksaal
immer noch Licht.

Das war der Zizi, der da hantierte; er bastelte Appa-
rate, bereitete Demonstrationen vor, ja, baute eigenhändig Tisch um Tisch Versuchsanordnungen auf,
damit jeder einzelne Schüler experimentell die Ge-
setze der Physik finden und kontrollieren möge.
Selbst wenn wir am Montag in der ersten Stunde
Physik hatten, fanden wir unsere Labortische gründ-
lichst vorbereitet. Zizi arbeitete sogar am Sonntag
bis tief in die Nacht an unserer naturwissenschaftlichen Fortbildung und mag wohl selber so manchen
Betrag aus der eigenen Tasche geopfert haben, um
uns die innere Schönheit eines Kräfteparallelogramms

oder anderer Wunder der Statik und Dynamik sinnfällig zu machen.

Wir wußten das fröhliche Hantieren mit Waagen,
Pendeln, schiefen Ebenen zu schätzen. Wenn es aber
wieder in die Bänke und an die eigentliche Nutzan-
wendung ging, machten wir Zizi das Leben recht
sauer. «Die Eltern kennen die Bosheit, Raffiniertheit
und Gemeinheit nicht im entferntesten, die oft in
den Buben in diesem Lebensalter steckt», schrieb er
einmal an den Vater eines Mitschülers, der sich ungerecht behandelt glaubte. «Was speziell die Schüler
dieser Klasse anbelangt, so haben sich einige derselben seit Schuljahrsbeginn derart impertinent und
ungezogen aufgeführt, durch Quicksen, Knarzen mit
den Bänken, Summen, Lachen, mutwilliges Fallen-
lassen von Gegenständen usw., daß ich gezwungen
bin, rücksichtslos gegen alle vorzugehen, die beab-
sichtigen, meinen Unterricht zu stören.»

Ich habe diesen authentischen Brief vor mir, in
Zizis korrekter Schrift und in seiner rührenden Bemühung, sich zu rechtfertigen, wo es doch an uns
gewesen wäre, Abbitte zu leisten für so manche ihm
zugefügte Impertinenz — ein Lieblingswort Zizis
übrigens, ein gefährliches überdies in seinem Munde.
Denn er lispelte, um nicht zu sagen, er zischte und
sprühte wie eine Dampfmaschine.

Diese Eigenschaft hatte ihm den lautmalenden
Spitznamen ‚Zizi' eingetragen, wie er selber wohl

wußte. Ja, er soll sich in Gesellschaft selber einmal als Dr. Zizi vorgestellt haben. Vielleicht ist das aber auch nur eine impertinente Erfindung aus der Zeit vor Zizis endlichem verdientem Triumph über die Bosheit, Raffiniertheit und Gemeinheit seiner Schüler. Eben darum sind wir seine Geschichte ungeschönt schuldig.

Es würde sie jeder doch sofort erkennen, und sei es nur an Zizis Perücke. Er hatte in jungen Jahren durch eine Explosion sein Haupthaar tonsurartig eingebüßt, und es ist durchaus begreiflich, daß er als junger Lehrer nicht kahlköpfig vor der Klasse auftreten wollte. Also ließ er sich eine künstliche Haarhaube anfertigen, sauber gescheitelt, in angenehmem Kastanienbraun, wie es ihm von Natur zustand. Er trug sie noch immer, als der verbliebene Haarkranz um Schläfen und Nacken längst ergraut war. Sie hatte für ihn wohl längst nur die Funktion einer ehrlich verdienten Kopfbedeckung, denn jede Eitelkeit und Verstellung war Zizi fremd. Aber was fragen Schüler nach verdienter Ehrung? Uns erschien eine Perücke an sich komisch. Sie kommt wohl in der Tat im Schulleben außerordentlich selten vor, wohingegen ein Kahlkopf nicht besonders von sich reden macht. Wir hatten im Verlauf der Jahre manche geachtete Herren, die reichlich blank waren und die sich sogar unbelacht den blanken Kopf kratzen durften. Tat dies dagegen Zizi, indem er mit der Perücke ein

wenig hin und her scheuerte oder sie im Eifer einer
Vorführung gar abnahm wie ein Käppchen, das ihn
juckte, so gab es ein allgemeines vergnügtes Quicksen,
Knarzen, Summen und Lachen in der Klasse, wie oben
gerügt.

«Still jetzt, Sie müssen gehorchen!» verlangte Zizi,
ein elektrisches Starkstromkabel schwenkend. «Wenn
Sie nicht ordentlich sind, laß ich die Fenster schließen!»

O, du beliebte Drohung! «Dann wird es allenfalls
recht schlecht riechen!» murmelte einer.

Zizi geriet im Verdruß über diese Impertinenz
mit dem Elektrokabel an den Bunsenbrenner des
Experimentiertisches: es gab einen Kurzschluß, daß
es die Hauptsicherungen der Anstalt durchschlug.
Zizi enteilte, um den Schaden zu beheben. Denn er
war nicht nur ein wissenschaftlich gelehrter, sondern
auch ein handwerklich geschickter Physiker, und er
verfertigte, was in sein Fach schlug, alles höchst
eigenhändig. Lange schon vor dem ersten Weltkrieg
durchknatterte er mittels eines selbstgebauten Mo-
torrades die Straßen, gefolgt vom Hallo seiner Schüler, die ihn anschoben, wenn er steckenblieb. Zu Fuß
wäre er wohl stets schneller nachhause gelangt, denn
er wohnte nur zehn Minuten vom Gymnasium entfernt. So aber wurde ihm jeder Heimweg zu einem
Abenteuer, und er verdankte wie mancher geniale
Physiker oft den mißlungensten Experimenten die

tiefsten Erkenntnisse. Seine von Schrunden und Verbrennungen bedeckten, von Isolierband beschmutzten Hände halfen manches Weltengesetz entschleiern, und seine kurzsichtigen, bezwickerten Augen sollen als erste den jungen Planeten Eros entdeckt haben. Man sah das von ihm selbst konstruierte Teleskop in schönen Nächten aus dem Turm des Gymnasiums ragen, ungetüm wie ein Geschützrohr.

Zizis größter Stolz war ein Hofmannscher Zersetzungsapparat, den er durch die Kriegszeiten gerettet hatte und dessen Platinstifte in der beginnenden Inflation äußerst begehrt waren. Um das kostbare Stück vor Entwendung zu schützen, koppelte Zizi die Tür zum Apparateraum mit einer Sirenenanlage, die in Tätigkeit treten sollte, sobald sich einer unbefugt an der Türe zu schaffen mache. Die Anlage funktionierte mehrere Male ausgezeichnet, immer dann nämlich, wenn Zizi selber darauf vergessen hatte. Nur als wirklich eingebrochen und das wertvolle Platin entwendet wurde, blieb der Alarm aus; der Dieb war nämlich durch das Parterrefenster eingestiegen!

Diesem Schlag, den Zizi lange nicht verwinden konnte, folgte ein zweiter, der ihm und uns allen wider Erwarten zum Guten ausing.

Wir hatten da einen Mitschüler, den wir Cato riefen. Necknamen werden ja keineswegs nur Lehrern angehängt; in jeder menschlichen Beziehung fallen sie vor und so auch unter Schülern. Cato stand abkürzend für die beiden Vornamen Carl Theodor, wäre aber wohl nie entstanden, wenn er nicht zugleich einen Zug ins Philosophische bedeutet hätte, durch den unser Cato auffiel. Der wirkliche Cato war zwar weniger ein Philosoph als ein Sittenrichter, ein recht trockener überdies und in nichts unserem schwärmerischen Cato ähnlich; aber so wörtlich nimmt es der Spott nicht. Um etwas eigenartig Besessenes anzudeuten, mochte die Vorstellung Cato passend genug sein.

Cato war besessen von dem, was er die Freiheit nannte. Er konnte mit sonderbar rauh einschmeichelnder Stimme fast hymnisch darüber sprechen, daß wir uns von allem frei machen müßten, vom Geld, vom Ehrgeiz, vom Elternhaus, von der Schule, von allen Bindungen eben, die nicht ganz und gar freiwillig wären. Er sprach davon unter vier Augen wie unter aller Augen im Schülerrat; ich fühlte mich mächtig angezogen von seinem melancholischen Feuer wie von seiner Person; wenn er, eine braune Locke aus der Stirne streichend, schloß, war mir jedesmal, als hätte ich Musik gehört.

Seine Anschauungen bekümmerten mich dagegen. Die Freiheit, selbstverständlich, wir hatten die Jahre der Freiheit ja soeben erlebt, und ich hatte durchaus nichts dagegen, daß es hinfort nicht mehr auf ererbte Vorrechte und Besitztümer ankommen sollte, sondern nur noch auf Leistung in Freiheit. Aber das Elternhaus? Konnte man es denn anders als lieben und hegen mit allen Kräften, so wie es einen liebte und hegte? Und wenn Cato darin nicht glücklich war, wie ich es sein durfte, mußte er sichs nicht erst recht zuzueignen suchen, freiwillig? Ebenso die Schule: wenn er sie haßte, wie leicht mußte es ihm bei seiner Begabung fallen, sich triumphierend über sie zu erheben, sie zu überwinden, indem er in ihr glänzte! Das ist Freiheit.

Vergebens suchte ich ihn wenigstens zu bestimmen, noch die zwei Jahre bis zum Abitur bei der Stange zu bleiben. Denn er wollte die Schule verlassen und in die Freiheit gehen. Ich bot alle Vernunftgründe auf, ihn zu halten. Aber Vernunft, meine wenigstens, war ohnmächtig vor seiner Besessenheit, und auch unsre Freundschaft rief ich vergeblich an. Da Catos Eltern sich weigerten, ihn aus der Schule zu nehmen, beschloß er, seinen Austritt zu erzwingen. Er wollte sich derart impertinent gebärden, daß man ihn dimittieren, ja relegieren müsse, damit er die Freiheit gewänne.

Diesen Entschluß ins Werk zu setzen, schien ihm Zizi das geeignetste Objekt. Er war ihm durchaus nicht anders gesinnt als wir alle. Wir waren alle mehr oder weniger impertinente Lausbuben, aber im Grunde mochten wir den Zizi doch sehr gern, und er mochte uns doch auch und opferte uns seine Nächte. Es herrschte zwischen uns ein Verhältnis, wie es manche Ehen bezeichnet, in denen man sich streitet, um inne zu werden, wie sehr man aneinander hängt.

Es war zwischen Cato und Zizi schon öfters zu Plänkeleien gekommen, und so fiel es zunächst nicht sonderlich auf, daß Cato allerlei Späße trieb, um Zizi zu reizen. Da dies aber allenfalls zu Arrestzetteln führte, entschloß sich Cato, endlich Schluß zu machen. Er kündigte es während einer Stunde ganz offen an.

«Herr Professor», sagte er, «es tut mir leid, aber heute mache ich Schluß!»

«Sind Sie still!» sagte Zizi und ließ die mechanische Verdunklung herunter, um ein optisches Phänomen zu demonstrieren.

Sogleich ließ Cato eine Taschenlampe aufleuchten, die er in entschlossenem Vorbedacht mitgebracht, und kreuzte mit dem Lichtkegel die Phänomene.

Zizi ließ die Verdunklung hochschnurren und erkundigte sich erregt: «Welcher impertinente Lausbub erfrecht sich, hier zu funzeln?»

«Ich, Herr Professor», meldete Cato gelassen.

«Stehen Sie gefälligst auf, Sie Unhold, wenn ich mit Ihnen rede!» befahl Zizi zitternd.

«Ich sitze lieber», erwiderte Cato, zog eine Gummischleuder aus der Tasche und schoß Papierschneller. Sie schlugen auf einen Glasballon am Demonstrationstisch auf.

«Wenn Sie Kügelchen herauswerfen, werfe ich Kreide hinein», drohte Zizi in höchster Erregung und ein wenig unbedacht. «Aber bitte sehr», lud Cato ein und setzte das Bombardement fort. Ein Schneller traf

Zizi an der Perücke. Cato hatte sich eingeschossen.

«Sie Mistvieh!» schrie Zizi, völlig von Sinnen. «Ihr seid alle Hunde, Panduren und Teufelskreaturen! Ich werde Euch auf die Köpfe hauen! Ich werde eine Waffe ergreifen und Sie abtun, Sie Schurke, Sie elendiglicher!»

Cato erhob sich, legte den Rock ab, krempelte die Hemdsärmel hoch und schritt langsam auf Zizi zu. Der Physiksaal war ansteigend gebaut; Cato saß in der letzten Bank. Stufe um Stufe schritt er herab. Wir saßen starr, und auch Zizi stand eine Weile wie gebannt. Dann riß er sich los und entwich durch die hintere Physiksaaltüre, um den Rektor herbeizuholen. Cato machte sich zurecht, dem Strafgericht entgegenzugehen, zog seinen Rock an, nahm seine Mappe und verließ glücklich lächelnd den Saal für immer.

Von diesem Tage an bemühten wir uns, Zizi jeden Gefallen zu tun. Keiner lachte über das Ungeheuerliche, das er miterlebt; und selbst wenn er heute lachend die Worte erzählt, die damals fielen, tut er es mit einem geheimen Respekt. Wir alle hatten durch Catos Tat die Freiheit gefunden, die Freiheit gegenseitigen Verstehens und Anerkennens. Zizi versicherte später immer wieder, wir wären seine liebste Oberklasse gewesen, und auch wir sind überzeugt, daß niemand uns die Physik so lieb hätte machen können wie Zizi. Sogar Cato wird ihm dankbar sein, denke ich; er hat später das Abitur freiwillig nachgeholt und ist hinfort seinen Weg in Freiheit gegangen. Brennt heute an der Physiksaalecke, wenn man nächtens vorbeikommt, auch kein Licht mehr, so strahlt sie doch hell für immer in der Erinnerung.

Der Schuster

«Da gibts Leut'», sagte Schuster verächtlich und kratzte sich den harten, grauen Bart, «die brüsten sich später damit, daß sie in der Schule in Mathematik so schlecht waren. Da denk ich mir eben: es ist'n Dummkopf!»

Ich bin ein solcher Dummkopf, ohne mich damit brüsten zu wollen. Auch hat es der gute Schuster niemals erfahren, wie es um mich stand, obwohl er unsre Klasse vier Jahre lang von den Anfängen der Algebra bis zu den Höhen des Integral hinanführte. Als korrespondierendes Mitglied gelehrter Gesellschaften

hätte er es nicht nötig gehabt, sich mit den Unter-
stufen abzugeben. Er setzte aber seinen Ehrgeiz dar-
ein, das mathematische Verständnis von Grund auf in
uns auszubilden. Nie ließ er es bei einem mechanischen
Hantieren mit Formeln bewenden. Er lehrte und be-
wies uns stets, warum und wieso dies alles so sein
müßte, wie es sei, ließ sich auch nie an einem der land-
läufigen Beweise genügen, sondern brachte deren immer gleich mehrere aufs Tapet, schärfte unsre Zweifel,
spornte uns an zu schöpferischer Mitarbeit — und so
verlor ich armes Würstchen bald den Boden unter den
Füßen und war genötigt, die Schulaufgaben von meinem Nebenmann Schmeer abzuschreiben — der Himmel Euklids lohne es ihm!

Wieso denn genötigt? wird man pädagogisch stirn-
runzelnd fragen. Warum nicht lieber eine schlechte
Note in Ehren, als einen erschlichenen Einser? Weil
ich für Schuster so viel übrig hatte, daß es mich ge-
nierte, vor ihm ein Dummkopf zu sein, und weil ich
sonderbarerweise die Mathematik umso mehr verehrte,
je mehr sie sich mir verschloß. Wie hätte Schuster in
seiner Güte das verstehen sollen? Hat es überhaupt
ein mathematischer Kopf je verstanden, daß es andere
Köpfe gibt, die, ohne sonst gerade Dummköpfe zu
sein, niemals begreifen können, wie man in Wurzeln,
Logarithmen, trigonometrischen Funktionen zu denken fähig sei? Solange es noch um Äpfel ging (die ich
übrigens gar nicht mag) oder auch noch um handfeste

Zahlenwerte, stellte ich meinen Mann — ja in dieser Art von Rechnen war ich dem guten Schuster sogar über, denn er verrechnete sich nicht selten —, zwischen abgerissenen Buchstaben, geheimnisvollen Klammern, vieldeutigen Strichelchen aller Art, dieser ganzen mathematischen Graphik aber sinnvolle und folgerichtige Beziehungen herzustellen, überstieg mein Denkvermögen trotz aller Bemühungen. Wie saß ich oft nach stundenlanger Papierverschwendung verzweifelt vor einem x sei gleich 0,73372486552, einem greulich bandwurmartigen Resultat, das doch unmöglich stimmen konnte! Zwar vermochte ich gelegentlich dem Gang einer Aufgabe zu folgen, wenn sie Schuster, von Kreide bestaubt, an der Tafel vorrechnete. Ich verstand sie aber nur, solange man mich führte und fiel wie ein Anfänger im Radfahren sofort um, wenn man mich mir selber überließ. Es trat da in meinem Gehirn eine Art mathematischer Blutleere ein, in der ich die gestellte Aufgabe zwar noch vor mir sehe, aber unvermögend, auch nur einen Schritt ohne Schwindel vorwärtszutun.

Manche Mitschüler, denen ich mich darüber eröffnete, trösteten mich damit, ihnen erginge es ebenso beim deutschen Aufsatz: kaum sei das Thema gestellt, und handle es sich um das Alltäglichste und Geläufigste, fiele ihnen nicht das Geringste dazu ein, nicht der kleinste Satz, sie wüßten einfach nicht, was sie schreiben sollten. Dies hinwiederum war mir völlig unbegreiflich. Ist es doch die einfachste Sache von der Welt, etwas zu schreiben, irgendetwas wenigstens. Wem das dennoch schwer fiel, war zwar meines aufrichtigen Bedauerns gewiß, galt mir deswegen aber keineswegs für einen Dummkopf.

Das war es eben: ich wollte vom Schuster gerade deshalb nicht für einen Dummkopf gehalten werden, weil er mich offenbar nicht für einen solchen hielt, sondern mich vielmehr mit allerlei kleinen Sympathiebeweisen auszeichnete, als da sind: das Recht, die Fenster zu öffnen und zu schließen, neue Kreide beim Pedell zu holen (eine sehr erwünschte Abwechslung während des Unterrichts) und gar die korrigierten Schularbeiten in der Klasse auszuteilen. Wie schlug mir bei diesem gewichtigen Anstieg jedesmal das Herz! Es schlug mir nicht aus Angst vor meiner eigenen Note: die stand so gut wie fest, sie beruhte ja auf den zuverlässigen Kenntnissen meines Nachbarn; aber ich war doch nicht verstockt genug, daß ich den Zwiespalt zwischen der guten Meinung, die Schuster für mich hegte, und den Vorwürfen, die ich mir eben deshalb selber machen mußte, nicht empfunden hätte. Auch dafür fand ich aber, wie für alle Aufgaben im Umkreis der Mathematik, keine Lösung und mußte sie weiterhin auf sich beruhen lassen.

Worauf sich Schusters Voreingenommenheit für meine Person eigentlich gründete, war mir ein Rätsel. Wußte er vielleicht etwas von meinem Großvater mütterlicherseits, der ebenfalls Mathematikprofessor gewesen, und setzte bei mir ohne weiteres kollegiale Erbmasse voraus? Es war ja wirklich tragisch, daß ich von diesem Großvater so garnichts mitbekommen hatte, obwohl er noch dazu über meinem Bett hing, mit dem lebensgroßen, ehrfurchtgebietenden Barte. Hielt mich Schuster vielleicht nur deshalb nicht für einen Dummkopf, weil ich meinen Platz in der ersten Bank genommen hatte? Denn fühlt sich der, der sich so augenfällig plaziert, denn nicht auch seiner Sache sicher? O mitnichten! Dort in der ersten Bank sitzt es sich, wie ich herausgefunden hatte, nämlich weit sicherer als in argwohnerregender Ferne. Der Blick des Professors geht über einen hinweg, man genießt den Schutz des toten Winkels und kann sich ungestörter denn irgendwo während des Unterrichtes zeichnerischen oder literarischen Beschäftigungen überlassen, ohne aufzufallen. Außerdem bevorzugte ich die erste Bank, um meine langen Beine bequemer ausstrecken zu können. Sie reichten fast bis zum Katheder, und der gute Schuster entschuldigte sich förmlich, wenn er einmal genötigt war, darüber hinwegzusteigen.

Ich sage nicht ohne Absicht immer wieder: der gute Schuster. Ich meine es nicht im abschätzigen Sinne, etwa weil er sich von mir übers Ohr hauen ließ, ich meine es mit Zuneigung und Bewunderung. Wie zartfühlend und rücksichtsvoll war schon jene besagte Art, die Schulaufgaben nicht nach der Notenrangstufe her-

auszugeben, sondern sie ungeordnet durch mich austeilen zu lassen. Alle anderen Lehrer fingen entweder
mit den besten Arbeiten an und spannten einen auf
die Folter, wann man denn endlich an die Reihe käme,
oder sie ließen mit Donner und Blitz zuerst die «Un-
genügend» auf die Klasse niederprasseln und das No-
tengewitter sich langsam verziehen. Er allein, der
Gute, übte in all den Schuljahren das rücksichtsvollste
aller Verfahren, die stillschweigende Urteilsverkün-
dung. Sie erfolgte sozusagen mit der Hand. Auch bediente sich Schuster nicht der mehr oder weniger unge-
nauen Notenstufen 1, 2, 3 undsoweiter, sondern
drückte das Ergebnis der Arbeiten in exakten Dezi-
malen aus, sodaß man die Note 1,7 oder 2,5 oder 3,3
bezog und sich solchermaßen aufs gerechteste taxiert
fand. Bei der Beurteilung legte er überdies nie den
einzigen Wert auf das richtige Endresultat, sondern
auf den richtigen Ansatz und die richtig gedachte
Durchführung. Wer sich dabei gelegentlich verrechnete,
wie es ihm selber so oft an der Tafel widerfuhr, war
trotzdem noch einer guten Gesamtnote sicher.

Oft hatten wir aus unerforschlichen Stundenplan-
gründen drei Mathematikstunden hintereinander. Das
mag für mathematische Köpfe eine Lust sein, sich so
richtig vollzurechnen — ich weiß in der Tat von meinem eignen Bruder, daß er sich Kopfweh mit mathematischen Problemen vertrieb. Aber Schuster nahm auf
die Dummköpfe Rücksicht und schaltete Pausen ein.

«Ich mach' jetzt 'ne Paus'», sagte er, gewöhnt auch beim Reden zu kürzen, als handle es sich um Bruchrechnungen, «'s ist aber kei' offizielle Paus', und wer'n Apfel hat, kann 'neinbeißen!» Das Helle, Schwäbische seiner Aussprache war selber wie ein Apfelbiß.

Er ließ den altmodischen Kneifer von der Nase gleiten, schüttelte ihn einfach ab, sodaß er am Schnürchen hin- und herbaumelte, und kratzte sich abwartend das Kinn. Dazu schob er erst den kreidebestaubten Rock zurück, fuhr sodann mit der Hand zum Ärmelloch der Weste hinein und beim Ausschnitt wieder heraus und krabbelte in dieser vertrakten Stellung versonnen im spitzgeschnittenen Barte. Er hatte lange weiße Finger, mit zarten Gelenken, aber immer ein wenig unsauberen Nägeln — eine zarte Seele in recht raubautziger Gestalt. Gewöhnlich war auch sein Anzug nicht ganz in Ordnung, und wenn nun gar der pendelnde Zwicker sich bestrebte, im Hosenschlitz zu verschwinden, ließ sich in den hinteren Bänken ein vergnügtes Zischeln vernehmen.

«Äh, da is'n Geräusch», konstatierte Schuster — ich müßte eigentlich ‚Geraisch' schreiben —, machte eine Schnute und kratzte sich. «Wer sich verborgen hält, den kann man auch alles heißen. Ich heiß'n öffentlich ein'n Lausbub, das bleibt solang auf ihm sitzen, bis er sich meld't.»

Das war das stärkste seiner Geschütze. Nie wurde sein Unterricht ernstlich von uns gestört, und allerdings nie störte er auch einen von uns. Wer sich nicht selber meldete, wurde nie aufgerufen; und niemals kontrollierte er die gestellten Hausaufgaben. Er brachte es einfach nicht übers Herz, jemanden bloßzustellen, und ich fragte mich manchesmal, ob er wirklich die auffallende Übereinstimmung der Schmeer-Heimeranschen Schularbeiten nie bemerkte oder nur nicht bemerken wollte?

Wie aber sollte es mir mit diesem Verfahren im Abitur ergehen? Das war die bange Frage, die mich bewegte, als das letzte Schuljahr herankam. Denn im Abitur war auf keinen Schmeer und auf keine wie immer geartete Nachsicht zu rechnen. Selbst wenn es mir nicht gefährlich werden sollte, ein Fach zu verfehlen, was sollte der gute Schuster denken, wenn ich bei der mathematischen Reifeaufgabe völlig versagte?

Der Gedanke, ihn, den Guten, Großzügigen zu enttäuschen, war mir unerträglich. Und so tat ich mich mit Zöbs, dem letzten im Alphabet, wenn auch nicht wie ich in der Mathematik, zusammen, um zu versuchen, das Versäumte nachzuholen.

Ich mußte bald einsehen, daß dazu die zur Verfügung stehende Freizeit nicht ausreiche. Zwar war Zöbs eine nicht so tiefschürfende schusterische, sondern gottlob mehr praktisch zupackende Natur, sodaß ich bei ihm eine gewisse mechanische Handhabung von Ansätzen und Formeln erlernte. Auch ihm bin ich mathematisch also auf Lebenszeit verpflichtet. Aber ich mußte doch bald erkennen, daß ich bei meinen elenden Kenntnissen nur dann zu Rande kam, wenn ich täglich meine ganze Freizeit auf Mathematikstudien wendete — eine für meinen Geschmack allzu harte Buße.

Ich verfiel daher auf den Ausweg, die drei Mathematikstunden, mit denen unser Stundenplan am Samstag schloß, zu schwänzen, um diese Zeit zuhause nützlicher anzuwenden als im Unterricht, dem ich doch nicht folgen konnte. Denn da bedeckten sich die beiden Schultafeln mit Schusters geistreichen Demonstrationen; ja meistens mußten die Vordersätze abgelöscht werden, um Platz zu schaffen für die endliche Ausrechnung, und auch sie kam bisweilen nicht mehr zu Stande, ehe es schellte. «Äh, wischen Sie's ab und rechnen Sie's daheim fertig», sagte Schuster, «aber so gehts.»

Ja, so gings, daß ich daheim rechnete. Ich hatte mich mit einem zahnärztlichen Zeugnis ausgerüstet und bat damit allsamstaglich Schuster um Befreiung von den letzten Stunden. Und der Gute wünschte mir noch jedesmal gute Besserung.

Ja, vielleicht war es wirklich der Weg der Besserung, den ich da mit den Segenswünschen des guten Schuster beschritt, wenigstens mathematisch gesehen. Es gelang mir im Abitur wirklich, eine leidliche Arbeit in der Mathematik aus eigner Kraft zu liefern. Ich war von Herzen froh über dieses Resultat. Nur der

Schuster zeigte sich bekümmert, als ich mich von ihm mit Dank für seine jahrelange Mühe verabschiedete.

«Äh», sagte er verlegen, als müßte er sich vor mir entschuldigen und kratzte sich auf seine mir so liebgewordene vertrackte Art den Bart, «Sie haben leider recht schwach gearbeitet in der Aufregung. Aber Ihr Fortgang in allen den Jahren gibt ja den Beweis, daß Sie — äh, löschen Sies ab, machen Sie sich nichts draus.»

Und er zog die Hand aus dem Ärmelloch und reichte sie mir. Sie war ganz kalt vor Verlegenheit und zitterte.

Und die meine? Zitterte sie denn nicht? Fast hätte ich ihm noch alles gestanden. Aber vielleicht läßt er das Geständnis auch jetzt noch gelten, der Gute, in seinem himmlischen Ruhestand.

Burger

Trotz der Kriegs- und Revolutionsjahre, die das
Absonderliche begünstigten, fehlte es uns doch nicht
an tüchtigen Lehrern ohne auffallende Eigenheiten; ja,
vielleicht sind wir gerade ihnen, die in der Stille wirk-
ten, den Hauptteil unserer Erziehung schuldig. Es gab
unter diesen sogar manche, die wir zu ihrer Zeit nach
Schülerart rauh, aber herzlich als «feine Hunde» titulierten. Eben darum aber, so bitter das anmutet, sind
sie aus der Erinnerung getilgt, und nur noch der oder
jener Einzelzug ist von ihnen übrig geblieben: die
rührende Gutherzigkeit des Religionslehrers, die uner-

bittliche Disziplin des Turnlehrers, der nie eine lächer-
liche Miene sehen wollte, der Schillerkragen eines im-
merjungen Mathematikers, die Parfüms und die Merk-
regeln des Franzosen: me-le, te-le, se-le . . .

Doch ist einer von diesen «Feinen» unvergeßlich,
ja, der Allerunvergeßlichste. Er hieß Franz Burger.
Er ist der einzige, dessen Name hier dasteht, wie er
wirklich lautete, wie er sich schrieb, mit energischen,
gleichsam die Füße einstemmenden, dem Zeilenstrom
widerstrebenden, schwer leserlichen Schriftzügen, die
er uns jedesmal erst übersetzen mußte, wenn sie uns
bei einer Schulaufgabenkorrektur vor die Augen kamen. Er betrachtete es selber als einen Witz seiner
Laufbahn, daß er als junger Lehrer hatte Schönschrei-
ben geben müssen und Stenographie. Es ist ein Jam-
mer, daß Burgers Stenogramme zum Geschichts- und
Deutschunterricht, die manchmal sogar ihrem Verfasser Rätsel aufgaben, nicht mehr zu entziffern sind;
eine Fülle geistreicher Bemerkungen ist damit unter-
gegangen.

Denn Burger gab nicht den herkömmlichen Unterricht, er las den Oberklassen förmlich Kolleg. Als ich
hernach im ersten Semester Literatur und Geschichte
hörte, war ich tief enttäuscht. Ich hatte kindlicherweise
auf der Universität lauter Burgers erwartet! Sie sind
indessen in der Universität so rar wie in der Schule.
Burger wurde wiederholt eingeladen, sich zu habili-
tieren oder wenigstens einen Lehrauftrag zu über-

nehmen. Aber er wollte sich seiner Schule nicht entziehen. Schon in den unteren Klassen lauerte man darauf, daß man später den Burger als Ordinarius bekäme und fühlte sich benachteiligt, wenn man ihn einer Parallelklasse überlassen mußte. Man suchte dann wenigstens um Teilnahme an seinen berühmten kultur- und geistesgeschichtlichen Privatvorträgen nach. Denn Burgers Wirken beschränkte sich nicht auf die Schulstunden; er lebte für seine Schüler. Und so kamen wir auch mit allen unseren Lebensfragen zu ihm.

Es ist etwas Köstliches, wenn man für einen Lehrer so recht aus Herzensgrund schwärmen kann, und köstlicher noch, wenn man diese Verehrung zeitlebens bewahrt. Aber ebendarum ist es schwierig, den Verehrten nicht zum Abgott zu machen, wie es so manchem Biographen mit seinem Helden widerfährt. Ich will also versuchen, Burger ganz nüchtern zu zeichnen. Das würde er sich auch dringend ausgebeten haben, er, der uns lehrte, großen Worten zu mißtrauen.

Denn er war keineswegs eine schwärmerische Natur, sondern eine leidenschaftlich kritische. Es hieß von ihm, er glaube eigentlich an gar nichts und sei zu allem Schrecken noch überdies ein geschworener Sozialist. Es ereignete sich daher mehrmals, daß auf solche Denunziationen hin eine Ministerialkommission überraschend dem Unterricht beiwohnte. Andere Lehrer gaben sich bei derlei Inspektionen ersichtlich Mühe, ihre Unterrichtsmethode wie unser Wissen in ein gefälliges Licht zu rücken, nur die Fragen zu stellen, deren Beantwortung sie sicher waren und das jeweilige Pensum geradezu honigsüß vorzutragen. Wir merkten das doch! Nicht so Burger. Er setzte seinen Unterricht dort fort, wo er beim Eintritt der Kommission stehen geblieben war und unterschlug nichts von dem, was er uns vorher zugedacht. Zu meinem unbeschreiblichen Vergnügen mußten die Herren des Ministeriums einmal eine Stunde lang nichts anderes mit anhören, als die Vorlesung von Thomas Manns «Friedrich und die Große Koalition», die gerade an der Reihe war, um das Pensum des Siebenjährigen Krieges mittels einer literarischen Darstellung zu illustrieren. Die Herren hörten übrigens, wie ich zu ihrer Ehre sagen muß, höchst interessiert zu und nahmen keinen Anstand. Und es ist mir unvergeßlich, wie der sonst keineswegs besonders musische Rex nach einer der angeblich so verdächtigen Burgerschen Deutschstunden zum Schluß wie aus der Pistole geschossen bekannte: «Meine Herren, ich gratuliere Ihnen zu diesem Unterricht und gäbe etwas darum, wenn ich ständig daran teilnehmen könnte!»

Dabei war Burger keineswegs ein bequemer Lehrer, sondern vielmehr ein höchst anspruchsvoller. Wenn er sich auch während der Stunden nicht damit aufhielt, abzufragen, sondern unaufhörlich dozierte, so verschaffte er sich durch Hausaufgaben und überraschende Schulaufgaben doch genauen Aufschluß über unsere

Teilnahme und über unsere Kenntnisse. Insbesondere
die damals nicht schulüblichen schriftlichen Geschichts-
prüfungen nötigten zu unablässigem Eifer, wollte man
vor dem Verehrten bestehen. Burger stellte ein Dut-
zend präziser Fragen, eine nach der anderen, und gab
zu jeder nur fünf Minuten Zeit, sodaß es unmöglich
war, in allgemeine Phrasen auszuweichen. Ich sehe
mich noch in unserem Schwabinger Gärtchen stunden-
lang das Rosenbeet umkreisen und bei schönstem Son-
nenschein französische Revolution memorieren. Ich
hätte mich doch in den Boden hinein geschämt, etwas
nicht zu wissen, was ein Burger bei uns voraussetzte.
Und gar Aufsätze bei ihm zu schreiben, war jedesmal
ein aufregendes geistiges Abenteuer, schon der groß-
artigen Themen halber. In jedem Trimester einmal
durfte jeder sogar sein Thema frei wählen. So schrieb
Fritz Zahn über die Beziehungen zwischen Wagners
«Tristan und Isolde» und Schopenhauers «Die Welt
als Wille und Vorstellung»; C. Th. Glock über Ver-
gangenheit und Zukunft der Schülerrepublik; Oskar
Held über die beiden Arten des Kommunismus; Wolf-
gang von Weber über Lehrer und Schüler; Numa
Tétaz über die Entwicklung des musikalischen Ideals
von J. S. Bach bis zu den Modernen. Es gab Aufsätze
über die Wasserwirtschaft im neuen Ägypten, über die
Anfänge des deutschen Dramas, über Luftfahrt, Ge-
birge, Antike, ob politische Morde gerechtfertigt und
ob die guten alten Zeiten wirklich gut gewesen sind.

Daß Roegge, der in jedem gewünschten Versmaß zu reimen wußte und seine Gedichte mit opus 1, opus 2 fortlaufend numerierte, über Stanzen und Gaselen arbeitete, verstand sich sozusagen von selbst. Überraschender war es, daß einer, der sich, wie man behauptete, daheim vom Dienstmädchen Ohrfeigen gefallen lassen mußte, obwohl er Roland zubenannt war, seine Neigungen in einer Untersuchung der Metalllegierungen bei den historischen Feldgeschützen des Armeemuseums entpuppte. Bei mir selber meldete sich die Lust am Feuilletonistischen; ich schrieb über das selbstgewählte Thema: «Ich wähle mir mein Thema selbst.» Und alle diese so auseinanderstrebenden Interessen jugendlicher Anmaßung wußte der eine Burger zu bannen und zu bilden. Ja, sogar die Klassenbibliothek, die ich als eifriger Leser als eine Art Kleinkinderbewahranstalt verachtete, verwandelte sich unter Burgers Händen in eine begehrte Einrichtung, der ich die erste Bekanntschaft mit Hans Carossa verdankte, dem Burger als Patient und Verehrer freundschaftlich verbunden war. So wurden auch wir ein bißchen in diese Freundschaft eingewoben.

Doch erschrak ich nicht schlecht, als Burger sich eines Tages vermaß, in den nächsten Deutschstunden Goethes «Harzreise» und Rilkes «Cornet» zu behandeln. Wie? Zu behandeln? Nun, allenfalls ließ sich über das Zustandekommen der «Harzreise» einiges Sachliche aussagen; Goethe selber hatte das ja getan. Aber was um Himmels willen sollte aus dem «Cornet» in der Schule werden? Es war doch undenkbar, daß Burger eine solche Dichtung durchnahm und schulmeisterte wie einst Xerxes den «Tell», der uns zeitlebens hiedurch verleidet ist. Wie dann aber behandeln, sodaß nach dieser Behandlung das Kunstwerk nicht elend verstümmelt, sondern nur noch reiner und größer vor uns stehe?

Ja, wie? Unbegreiflich, wie es zuging. Aber während ich mir vor dieser Behandlung eingebildet hatte, diese Kunstwerke längst tief begriffen und bis ins Innerste genossen zu haben, so gingen mir nach Burgers Behandlung ihre Schönheiten und Weisheiten erst richtig auf.

Da saß er hinter seinem Katheder, beklopfte mit einem Bleistiftstümpfchen nachdrücklich seine rätselhaften Kollegnotizen und funkelte uns aus stark umbuschten, tiefliegenden Augen an. Wer eigentlich die neuen, ganzen Bleistifte zu Burgers immerwährenden Stümpchen abbrauchte? So eine kleine Lächerlichkeit mochte einem dabei wohl einmal durch den Kopf gehen. Und bei jedem anderen Lehrer hätte es wohl der Disziplin Eintrag getan, wenn Burger, in seinen Notizen blätternd, sich bisweilen vergaß und wie geistesabwesend etwa mehrmals wiederholte: «Iwan grosny, Iwan der Grausame, Iwan grosny, Iwan grosny . . .», das r gewaltig rollend. Wir saßen indessen wie gebannt und hielten den Atem an. Das berühmte

Problem der Schuldisziplin schien bei Burger überhaupt nicht zu existieren, so selbstverständlich war es,
daß man an seinen Lippen hing. Oder lag es an seinem
Verfahren, uns wie Erwachsene zu behandeln, nicht
wie Schüler oder wie junge Freunde, sondern als Mann
unter Männern zu uns zu sprechen? Als ihm einmal
angezeigt wurde, es kursierten unter einigen in der
Klasse sogenannte Ehe-Aufklärungsschriften, sagte er
nur: «Wer sich selber nicht mehr vorstellen kann, als
was in solchen Büchern steht, der tut mir leid.» Das
war ein Wort! Sicher wurde es pädagogischerseits nicht
recht gebilligt. Aber es hat bei uns mehr Nutzen ge-
stiftet, als das pädagogischste Verbot hätte erreichen
können.

Burger war gebürtiger Allgäuer, ein Volksstamm,
der für seine Hartnäckigkeit berühmt ist. Ich kannte
in der Glyptothek einen römischen Kopf, der Burgers
blankem, urhaftem Cäsarenschädel auffallend glich.
Burger hatte vor allem Altphilologie studiert und für
den Thesaurus linguae latinae das Wort «beatus» be-
arbeitet, das so in Bausch und Bogen «glücklich» bedeutet. Burger aber wußte um unendliche Spielarten
des Glücks, und ich kann seitdem «beatus» nicht
lesen, ohne an ihn zu denken.

Unsere Klasse hatte Burger leider nicht in Latein; es
sähe sonst um unsere Kenntnisse wohl anders aus,
nicht nur, was den lateinischen Stil, sondern überhaupt
die antike Welt angeht. Doch richtete er für die, die

sich dafür interessierten, in seiner Wohnung Abend-
kurse ein über antike Philosophie und Kultur. Zwei
seiner Vorträge habe ich später verlegt; auch war
Burger der Initiator und der erste Autor meiner zwei-
sprachigen Taschenausgaben antiker Literatur.

So bekamen wir auch Einblick in seine Häuslichkeit,
die sich uns bei anderen Lehrern allenfalls arrestweise
erschloß. Man saß dichtgedrängt in seinem Studier-
zimmer mit den beiden Türen, den beiden Fenstern,
den beiden Bücherschränken, dem Schreibtisch und
dem Tisch am Diwan, der von den vielen Abend-
hörern tief eingesessen war. Kam man allein, um Be-
such zu machen — Burger empfing nachmittags ab drei
Uhr jeden, der seinen Zuspruch suchte —, wurde man
von der treuen Anna zunächst in den anstoßenden
kleinen, blonden Salon geführt und hörte, wartend,
den Verehrten nebenan blättern und lebhaft atmen,
bis er einen herbeiholte und mit mehrmaligem «Nehmen Sie Platz!», sodaß man sich damit beeilte, in den
Stuhl nötigte, der dem seinen am Schreibtisch gegen-
überstand.

Sein abgewetzter Schreibtisch war immer überhäuft
von philosophischen und literarischen Neuerscheinun-
gen des In- und Auslandes; man mußte sich schämen,
daß man nur von dem wenigsten, worüber er sprach,
Kenntnis hatte. Seine Bibliothek war ohne jeden Anspruch auf ästhetische Wirkung aufgestellt. Während
ich mich daheim so bemühte, meine Bücher nach For-

maten und Einbänden möglichst eindrucksvoll zur Wirkung zu bringen, stopfte er die seinen achtlos nach dem Verfasser-Alphabet hintereinander, versah sie auch unbekümmert mit Anstreichungen und Notizen. Kunstbücher entdeckte ich nur wenige; die Musik schien überhaupt nicht vertreten, und das war das einzige Gebiet, aus dem ich als Schüler dem Lehrer gelegentlich etwas Neues erzählen konnte. Sonst wußte er, wie es schien, alles, wußte auch um alle unsere Fragen und Anliegen schon wie im voraus und entließ einen stets reich beschenkt mit Anregungen und aufmunternden Gesprächen. Er sperrte einem die Türe auf zum Gang und schloß sie hinter einem jedesmal wieder ab, als wolle er sich gegen Überraschungen sichern. Allmählich brachte man heraus, daß er in der Tat verhindern wollte, daß seine Frau unversehens einträte, die seit der Geburt der zweiten Tochter an Störungen litt, die eigentlich die Aufnahme in eine Anstalt geboten hätten. Da sich seine Frau zuhause aber verhältnismäßig am besten zu befinden schien, nahm er alle damit verbundenen Schwierigkeiten auf sich. Ich scheue mich im Grunde, diesen Umstand zu erwähnen, der aber die Bewunderung für die menschliche Größe dieses Mannes nur zu steigern vermag.

Dabei war er selber gar nicht gesund. Die letzten Lehr- und Leidensjahre mußte er im Rollstuhl in die Schule gefahren werden, was sich seine damaligen Schüler als größten Ehrendienst anrechneten. Noch heute, nach zwanzig Jahren, findet man an seiner Urne im Nordfriedhof gelegentlich ein frisches Blümchen treuen Schülergedenkens. Auf der Urne steht nach seinem Willen das Wort aus den «Tristien» des Ovid: «Bene qui latuit, bene vixit.» — Wer gut verborgen war, hat gut gelebt.

Was mögen diese gewaltige Stirne, diese sprühenden Augen, die beim Gespräch so nahe auf einen eindrangen, daß man zurückwich, was mögen diese stets scharf rasierten Lippen trotz allen Temperaments nicht bei sich behalten haben! Er arbeitete insgeheim an einer Geistesgeschichte der Völker, die mit ihm dahinging, ohne daß auch nur die nächsten Freunde recht viel mehr als Andeutungen darüber erfahren hätten. Das Werk aber, das er in den Herzen seiner Schüler auferbaute, die er ständig ermahnte, ihre eigenen Zeitgenossen zu sein, das zu werden also, was in sie und nur in sie hineingelegt sei, dieses Werk lebt fort. Zu unserem Absolutorium, bei dem ausnahmsweise nicht die Schulbehörden, sondern die jeweiligen Lehrer die Aufgaben stellten, hatte er für den deutschen Aufsatz das Goethewort als Thema gegeben: «Alles geben die Götter, die unendlichen, ihren Lieblingen ganz, alle Freuden, die unendlichen, alle Schmerzen, die unendlichen, ganz.» Und es ist mir, als wäre mir mit diesem Erinnerungsblatt das Thema noch einmal gestellt worden. Denn Burger war einer von denen, die die Götter zum Ganzen sich auserkoren.

Seiten-Zeugnis

Der erste Lehrer . .	7
Der rätselhafte Huber	16
Singen	26
Xerxes	47
Spinni	55
Zeichnen	63
Der Freund	66
Der Pianoforte . . .	72
Zizi	94
Der Schuster	105
Burger	115

Von Ernst Heimeran ferner:

Die Ahnenbilder	Gb. 4.80
Gute Besserung	Gb. 3.50
Büchermachen	Gb. 2.—
Christiane und Till	L. 6.80
Familienalbum	L. 6.90
Hinaus in die Ferne	Gb. 7.50
Garteneinmaleins	Hl. 6.80
Grundstück gesucht	L. 6.80
Unfreiwilliger Humor	Gb. 3.—
Hundertjähriger Kalender	Kt. 1.90
Sonntagsgespräche mit Nele	Gb. 3.90
Spielbuch	Gb. 3.80
Stillvergnügtes Streichquartett	Hl. 6.80
Trostbüchlein	L. 4.80
Vater und Kind	L. 5.—
Die lieben Verwandten	Gb. 2.80
Antike Weisheit	L. 7.—
Alter Witz	Gb. 2.80